RESEARCH ON
THE TRADE EFFICIENCY BETWEEN CHINA
AND RCEP PARTNER COUNTRIES

中国与RCEP伙伴国
贸易效率研究

辛蔚 ◎ 著

中国财经出版传媒集团
经济科学出版社
Economic Science Press

图书在版编目（CIP）数据

中国与 RCEP 伙伴国贸易效率研究/辛蔚著 . -- 北京：
经济科学出版社，2022. 11
ISBN 978 - 7 - 5218 - 4200 - 5

Ⅰ.①中… Ⅱ.①辛… Ⅲ.①国际贸易 - 研究 - 中国
Ⅳ.①F74

中国版本图书馆 CIP 数据核字（2022）第 213183 号

责任编辑：李一心
责任校对：刘　昕
责任印制：范　艳

中国与 RCEP 伙伴国贸易效率研究

辛　蔚　著

经济科学出版社出版、发行　新华书店经销
社址：北京市海淀区阜成路甲 28 号　邮编：100142
总编部电话：010 - 88191217　发行部电话：010 - 88191522
网址：www. esp. com. cn
电子邮箱：esp@ esp. com. cn
天猫网店：经济科学出版社旗舰店
网址：http: //jjkxcbs. tmall. com
北京季蜂印刷有限公司印装
710 × 1000　16 开　11.5 印张　155000 字
2023 年 4 月第 1 版　2023 年 4 月第 1 次印刷
ISBN 978 - 7 - 5218 - 4200 - 5　定价：48.00 元
（图书出现印装问题，本社负责调换。电话：010 - 88191545）
（版权所有　侵权必究　打击盗版　举报热线：010 - 88191661
QQ：2242791300　营销中心电话：010 - 88191537
电子邮箱：dbts@ esp. com. cn）

CONTENTS 目 录

第一章

绪　　论

第一节　研究背景及意义

一、研究背景

第二次世界大战结束后，特别是随着冷战的结束，全球安全形势总体上是走向缓和与稳定，和平与发展真正成为世界的主题，经济全球化得到了进一步的发展。而经济全球化的发展主要由世界贸易组织（WTO）主导的"多边主义"和以区域经济一体化组织为代表的"区域主义"或"新地区主义"两种力量来推动。但是，由于WTO千年回合谈判迟迟未果，从而使"区域主义"或"新地区主义"日益成为经济全球化、国际贸易自由化的主角。

总体来看，第二次世界大战结束后，以"区域主义"或"新地区主义"为指导的区域经济一体化浪潮出现了三次高峰。第一次高峰出现在第二次世界大战结束至20世纪70年代，由欧洲经济共同体的成立而引发、推动；第二次高峰出现在20世纪90年代初，由北美自由贸易协定（NAFTA）的签订与生效而引发、推动；第三次高峰出现 21 世纪初至今，区域经济一体化组织数量急剧增加。根据 WTO 的统计，2001~2018 年，WTO 通告的各种区域自由贸易协定数量达到了 404 个，占第二次世界大战结束区域经济一体化组织总量的 60%（见表 1-1）。

表 1-1　　　向 WTO 通报的区域自由贸易协定数量演进表

时间	总数量	已生效数量	货物协议数量	服务协议数量	新加入协议数量
1950 年以前	1	1	0	0	0
1951~1960 年	5	3	2	1	0
1961~1970 年	21	17	1	0	1
1971~1980 年	46	24	9	0	1
1981~1990 年	14	3	7	1	2
1991~2000 年	182	138	59	6	4
2001~2010 年	254	145	130	79	6
2011~2018 年	150	128	81	58	11
合计	673	459	289	145	25

资料来源：根据 WTO 区域贸易协定信息系统资料整理得出。

由表 1-1 可以看出，受全球金融危机的影响，虽然全球区域自由贸易协定数量增长势头有所减慢，但仍然是经济全球化、全球贸易自由化进程的主导形式。

面对以"区域主义"或"新地区主义"为指导的区域经济一体化浪潮迅猛发展的挑战，中国共产党在 1997 年召开的第十五次全国代表大会上明确指出，中国要积极融入区域经济一体化浪潮之中。自由贸易区（FTA）建设提升到国家战略的高度是在 2007 年中国共产党第十七次全国代表大会上，进一步地，中国共产党第十八次全国代表大会明确了要推动自由贸易区战略加快实施。党的十八届三中全会又进一步明确指出，中国实施自由贸易区战略要以周边国家和地区为基础，逐渐形成高标准的面向全球的自由贸易区网络。据此，自 2002 年初中国与东盟签订《全面经济合作框架协议》开始，截至 2018 年，中国已签署了涉及 24 个国家和地区（见表 1-2）的 16 个自由贸易区协定。

表 1-2　　　　　　　　截至 2018 年中国签订的 FTA 一览表

序号	签约对象	签订时间	生效时间
1	东盟	2002 年 11 月	2004 年 1 月
2	港澳	2003 年 6 月和 10 月	2004 年 1 月
3	智利	2008 年 2 月	2010 年 8 月
4	新西兰	2008 年 4 月	2008 年 10 月
5	新加坡	2008 年 10 月	2009 年 1 月
6	巴基斯坦	2009 年 2 月	2009 年 10 月
7	秘鲁	2009 年 4 月	2010 年 3 月
8	哥斯达黎加	2010 年 4 月	2011 年 8 月
9	冰岛	2013 年 4 月	2014 年 7 月
10	瑞士	2013 年 7 月	2014 年 7 月
11	韩国	2015 年 6 月	2015 年 12 月
12	澳大利亚	2015 年 6 月	2015 年 12 月
13	东盟（升级）	2015 年 11 月	2016 年 5 月
14	格鲁吉亚	2017 年 5 月	2018 年 1 月
15	智利（升级）	2017 年 11 月	2018 年
16	马尔代夫	2017 年 12 月	—

资料来源：根据中国自由贸易区服务网资料整理得出。

截至 2018 年，中国有 13 个 FTA 谈判正在进行中（见表 1 - 3），另有 10 个 FTA 处于可行性研究阶段。

表 1 - 3　　　　截至 2018 年中国正在谈判中的 FTA 一览表

序号	谈判对象	开始时间	目前进展
1	RCEP 伙伴国	2013 年 5 月	2018 年 7 月，进行第 23 轮谈判，会谈展开全面深入磋商，完成了海关程序与贸易便利化、政府采购章节，关于技术法规与合格评定程序、卫生与植物卫生措施等章节的谈判取得重要进展
2	日韩	2013 年 3 月	2018 年 3 月，第 13 轮谈判，就如何推动货物贸易、服务贸易、投资等重要议题取得更大进展深入交换了意见
3	海湾国家联合会（GCC）	2005 年 4 月	2016 年 12 月进行第 9 轮谈判，15 个议题中的 9 个结束谈判，并就技术性贸易壁垒、法律条款、电子商务等 3 个章节内容接近达成一致，在核心的货物、服务等领域取得积极进展
4	斯里兰卡	2014 年 9 月	2017 年 1 月，双方进行第 5 轮谈判，双方就货物贸易、服务贸易、投资、经济技术合作、原产地规则、海关程序和贸易便利化、技术性贸易壁垒和卫生与植物卫生措施、贸易救济等议题充分交换意见
5	以色列	2016 年 3 月	2017 年 11 月，双方第 3 轮谈判，就货物贸易、服务贸易、原产地规则及海关程序、卫生与植物卫生、经济技术合作、电子商务、争端解决等议题展开磋商，并取得积极进展
6	挪威	2008 年 9 月	2018 年 5 月，双方进行第 11 轮谈判，就货物贸易、服务贸易、投资、原产地规则、海关程序与贸易便利化、知识产权、竞争政策和政府采购等相关议题展开磋商并取得积极进展

序号	谈判对象	开始时间	目前进展
7	毛里求斯	2017 年 12 月	2018 年 9 月谈判正式结束，双方经过 4 轮谈判于 8 月 30 日达成一致，这是中国与非洲国家的第一个 FTA，目前正在审核法律文本，准备签署工作。双方零关税的税目比例和贸易额占比均将超过 90%，服务贸易领域开放部门均超过 100 个，可在对方国家设立旅行社，中国投资者可以在毛里求斯设立酒店、餐馆
8	摩尔多瓦	2017 年 12 月	2018 年 3 月进行了第 1 轮谈判，双方对协定中方建议文本进行逐条磋商，就后续路线图和具体任务达成共识
9	巴拿马	2018 年 6 月	2018 年 8 月，进行第 2 轮谈判，双方就自贸协定所涉议题全面深入地交换了意见，谈判取得积极进展，10 月将举行第 3 轮谈判
10	新加坡升级	2015 年 11 月	2018 年 7 月，第 7 轮谈判，双方就服务贸易、投资、原产地规则、贸易救济和经济合作等议题展开磋商，谈判取得积极进展
11	巴基斯坦升级	2011 年 3 月	2018 年 4 月，第 10 次会议，双方就货物贸易关税减让、海关数据交换等内容进行深入磋商，谈判取得积极进展
12	新西兰升级	2017 年 4 月	2018 年 9 月，第 5 轮谈判，双方围绕技术性贸易壁垒、原产地规则、服务贸易、电子商务、环境、政府采购等议题展开深入磋商，并结束了政府采购章节，谈判取得积极进展
13	韩国升级	2017 年 12 月	2018 年 7 月，举行第 2 轮谈判，双方就服务贸易和投资展开进一步磋商，谈判取得积极进展

资料来源：根据中国自由贸易区服务网资料整理得出。

　　由表 1 - 3 可以看出，中国与"区域全面经济伙伴关系协定"（Regional Comprehensive Economic Partnership，RCEP）伙伴国的谈判始于 2013 年 5 月。2018 年 8 月 2 日，在中国—东盟（10＋1）外长会议

上，各方面对当前保护主义抬头的严峻形势，再次强调应尽快达成"区域全面经济伙伴关系协定"，坚定致力于自由贸易和区域经济一体化进程。同时，2018 年是中国改革开放 40 周年，是东盟第二个 50 年的开局之年，在这个时间节点，尽快结束 RCEP 谈判达成一致成了众望所归。① 经过 RCEP 成员方的共同努力，15 个成员国已经全部结束 20 个章节的文本谈判和所有实质性准入问题谈判。

区域全面经济伙伴关系是由东盟十国发起，中国、日本、韩国、澳大利亚、新西兰、印度②共同参加（"10＋6"）的区域经济一体化组织。其目的是，通过削减关税及非关税壁垒，建立 16 国统一市场的自由贸易协定。RCEP 一旦谈成，约 35 亿人口会被涵盖，国内生产总值（GDP）总和将高达 23 万亿美元，占全球 GDP 总量的 1/3，其所涵盖区域将成为世界最大的自贸区。但是也应看到，虽然 RCEP 的签署将有利于亚太经济一体化发展，但是，由于 RCEP 各国经济发展水平参差不齐，社会制度差异性较大，再加上域外国家的干扰，因此，RCEP 能否顺利运行还有待进一步观察。此外，RCEP 的签订还与中国"一带一路"倡议息息相关，因此，全面深入地研究中国和 RCEP 成员国之间的贸易效率及其影响因素，具有重要的理论意义和实践意义。

二、研究的理论意义

中国与 RCEP 伙伴国贸易关系问题是学术界一直关注的热点问题之一，学者们从不同的角度加以跟踪研究，相关的研究成果也比较丰富，对于进一步的深化研究具有重要的借鉴意义。然而，从贸易效率的角度

---

① 黄金宇. FTA 进程中日本农业议题谈判模式研究［D］. 辽宁大学，2018.
② 印度于 2019 年 11 月 4 日宣布不加入东盟 RCEP 协定。因此，RCEP 最终可能是"10＋5"。

来研究中国与 RCEP 伙伴国贸易关系的研究成果相对较少，还没有形成完整的体系。本书试图在研究区域经济一体化理论、中国与 RCEP 伙伴国贸易现状及问题的基础上，对区域经济一体化贸易效率产生的机理从成本与收益、因素协同、贸易能力提升三个方面进行深入研究，特别是本书对影响中国与 RCEP 伙伴国贸易效率的因素：要素禀赋、人口规模、地理距离、国内生产总值、关税等的自身的独特性与相互关系进行了深入的研究，进而从成本与收益、因素协同、贸易能力提升三个方面对中国与 RCEP 伙伴国贸易效率进行实证检验，因此对中国与 RCEP 伙伴国贸易效率的研究将有助于在理论上进一步丰富区域经济一体化贸易效率问题的研究。

三、研究的现实意义

首先，RCEP 是目前为止拥有人口最多、成员国结构最为多元化、经济发展水平差别最为显著、发展潜力最为巨大的区域经济一体化合作组织，其成功建立不仅对各成员国具有重要意义，更是对亚太经济和世界经济发展具有重要的影响。因此，本书对 RCEP 伙伴国的贸易问题进行研究具有重要的现实意义。

对于中国而言，研究中国与 RCEP 伙伴国贸易效率问题同样具有重要的现实意义。一是从经济层面来看，这一研究在以下方面意义重大：深化中国与 RCEP 伙伴国的经济合作，摆脱美国对中国与 RCEP 伙伴国经贸合作的阻挠与干扰，特别是进一步加深中国与日本、韩国及澳大利亚等国的经贸合作关系，全方位促进成员国之间的商品、技术、资本以及人员的自由流动，进而依托 RCEP 打造具有国际竞争影响力的供应链和价值链，提升本国产业竞争优势。二是这一研究可以为中国进一步完善区域经济一体化（FTA）战略，为中国与其他国家进行区域经济一体化合作谈判提供实践经验。三是这一研究可以为中国企业参与中国与

RCEP 伙伴国之间更为广泛的国际化合作，提升自己的竞争优势，不断提升企业的国际化水平提供决策参考。

第二节 文献综述

一、区域经济一体化的相关研究

维娜（Viner，1950）最早提出了关税同盟理论，在区域经济一体化研究中他可以说是鼻祖，他对区域经济一体化产生的静态效应进行的系统理论分析主要运用贸易创造效应和转移效应。[1] 约翰逊（Johnson，1962）以细化贸易创造和转移分析进一步丰富和完善关税同盟对贸易利益影响。随后还有大量学者对关税同盟理论进行了拓展和完善，如瓦尼克（Vanek，1965）和肯普（Kemp，1969）将原有单一市场的局部均衡模型拓展为三国两商品的一般均衡模型分析方法。

为了克服各成员国对外采取统一关税这一难题，米德（1955）提出了自由贸易区理论，进一步论证了自贸区内"原产地原则"产生的原因。[2] 自由贸易区理论被提出后应用广泛，并已成为运用范围最广的区域经济一体化组织形式，其理论和实践效应的相关研究也得到一定发展。莫塔和诺曼（Motta and Norman，1996）认为，区外对区内的投资会因贸易壁垒的消除而增加。罗伯森（Robson，1998）认为自由贸易区中相关国家福利更高。[3] 拜尔和伯特斯特兰（Baier and Bergstrand，

---

[1] Viner J. The Customs Union Issue［M］. New York：Carnegie Endowment for International Peace，1950.

[2] Meade J. The Theory of Customs Union［M］. Amsterdam：North – Holland，1955.

[3] Robson P. The Economics of International Integration［M］. London：Routledge Press，1998.

2014）进一步认为，一体化的协定因降低了贸易成本而提高了福利水平。卡连多和派热（Caliendo and Parro，2015）测算了北美自由贸易区关税减免产生的影响。米森、萨吉和伊尔迪兹（Missios，Saggi and Yildiz，2016）研究认为，自由贸易协定能够以其灵活性消除全球自由贸易中关税同盟的阻碍作用。李巍（2011）认为，竞争性的地区主义格局源于主要行为体对合作机制主导权的争夺，"制度过剩"限制了经济合作的深化。赵亮和陈淑梅（2015）横向比较自贸区的效应发现：自贸区对我国经济的促进作用更加明显。米德（Meade，1953）分析了共同市场条件下的要素自由流动的福利影响。西托夫基（Scitovsky，1958）认为，共同市场由于打破了产品和生产要素自由流动的限制，引入了竞争机制，所以生产要素会得到更加合理的配置。[①] 区域经济一体化还有其他组织形式，但在实践中应用较少，因此有针对性的研究并不多见。

二、中国与 RCEP 伙伴国贸易的相关研究

中国与 RCEP 伙伴国贸易方面，学者们基本上是围绕中国与东盟、日本、韩国、澳大利亚、新西兰的贸易展开研究，而对于中国与 RCEP 伙伴国的整体研究并不多见。

1. 中国与东盟贸易的相关研究

国外研究方面，黑尔沙伊德（Herschede，1991）认为，中国产品相对于东盟产品而言，具有明显的竞争优势。[②] 岳（Yue，2001）提出中国和东盟国家因为比较优势的原因而形成竞争关系。希拉蒂瓦特

---

① Scitovsky T. Economic Theory and Western European Integration ［M］. London：Allen & Unwin，1958.

② Herschede. Competition among ASEAN，China，and the East Asian NICs：a shift-share analysis ［J］. ASEAN Economic Bulletin，1991，Vol. 7：0 – 306.

（Chirathivat，2002）和李（Lee，2003）证明自由贸易区在提高伙伴国贸易额方面有重要作用。吉赫特（Guilhot，2010）认为，由于中国和东盟各国间的高竞争性，中国—东盟自由贸易区的贸易效应更小。德瓦达森（Devadason，2010）认为，中国和东盟的出口模式具有互补性，经贸合作将会扩大东盟各国间的出口。

国内研究方面，张帆（2002）指出中国—东盟自贸区的贸易创造效应的潜在可能较大。施美芳（2004）认为，自由贸易区会推动中国与东盟的贸易与合作，强化地区的竞争优势。陈汉林等（2007）认为，与贸易创造效应相比，自贸区给中国带来的贸易转移效应更大，两者的差距也在不断扩大。李荣林等（2007）认为，在不同的经济条件下，自由贸易区对双方消费者福利水平的提升程度不同，在促进各国的经济发展方面，不均衡现象会出现在不同产业部门间。[1] 庄芮（2009）指出中国—东盟自由贸易区促使贸易大幅度增加，给双方带来的贸易创造效应更大。[2] 陈雯（2009）、郎永峰等（2009）、徐婧（2009）、李颖洁（2009）等认为，在中国—东盟自贸区内贸易创造效应较大。丁琳（2011）的研究表明，自由贸易区的正效应已经形成，其有效率地促进了各国间经贸往来，使竞争力得到了提高，并且推进了中国产业结构的升级。蒋冠、霍强（2015）通过自贸区对中国与东盟的贸易创造效应的研究，指出中国的出口贸易创造效应大于进口贸易创造效应。[3] 谭秀阁、王珏（2016）研究认为，潜力巨大的东盟市场仍未得到充分发挥，仍未全面体现出来优势。彭景（2017）认为，贸易创造效应对农业产品贸易促进显著。程广斌等（2017）基于产业竞争力视角实证分析了

---

① 李荣林，宫占奎，孟夏. 中国与东盟自由贸易区研究 ［M］. 天津：天津大学出版社，2007.

② 庄芮. 中国—东盟自由贸易区的实践效应、现存问题及中国的策略 ［J］. 世界经济研究，2009（4）：74–80.

③ 蒋冠，霍强. 中国—东盟自由贸易区贸易创造效应及贸易潜力——基于引力模型面板数据的实证分析 ［J］. 当代经济管理，2015（2）：60–67.

中国与东盟 10 个部门的比较优势与竞争优势及中国与东盟国家产业竞争力的现状和变化趋势。李立民等（2018）利用 2005～2016 年间的面板数据测算了中国对东盟 10 国的对外直接投资（OFDI）所产生贸易效应的国别差异，并得出整体上中国对东盟的 OFDI 能够促进进出口贸易。樊兢（2019）运用修正的恒定市场份额模型对 2001～2016 年中国与东盟高新技术产品贸易进行了分析，指出价格竞争力、市场需求和出口商品结构效应偏弱是影响中国高新技术产品出口的主要因素。[①] 吴海文等（2019）得出中国在农产品、采矿业和服务业产品出口中处于劣势地位，在制造业上整体处于优势地位。孙林等（2020）运用异质性企业贸易模型，分析了区域贸易政策不确定性对中国企业出口产品质量的影响。[②]

2. 中国与日本、韩国贸易的相关研究

国外研究方面，有学者指出中国和日本两国的贸易量和日本对华直接投资可以通过中日结构的互补性推进（Kwan，1999）。关志雄（2004）提出了"中日互补论"，认为中国和日本在贸易出口方面是典型的互补关系，并对日本政府各主要部门对待中日经贸存在的问题进行了深入的分析。[③] 郑等（Cheong et al.，2004）的研究表明，中韩两国在签订双边 FTA 后，GDP 和双边出口均会增长。佐托鲁·库马盖（Satoru Kumagai，2008）认为日本与东盟国家存在着贸易上的竞争性，与中国则存在互补性的贸易结构。阿姆斯特朗（Armstrong，2010）认为，政治因素对中日两国贸易的发展造成了十分不利的影响。[④] 金淳洙

① 樊兢. 中国与东盟高新技术产品贸易动态波动研究——基于修正的 CMS 模型的因素测算 ［J］. 经济体制改革，2019（1）：120－127.
② 孙林，周科选. 区域贸易政策不确定性对中国出口企业产品质量的影响 ［J］. 国际贸易问题，2020（1）：127－143.
③ 关志雄. 中日互补论. "21 世纪中日经济合作与展望"国际学术研讨会论文集 ［C］. 2004：74－81.
④ Armstrong S P. Interaction between trade，conflict and cooperation：the case of Japan and China，2010.

（2010）认为，经济的发展会带来安全观和共同体观的变化，应乐观看待东亚地区共同体建设。高原明生（2010）在分析中日韩三国合作进程及共同体构建的可行性的基础上，认为中日韩合作的最大障碍是历史问题、领土争端和民族主义。松本盛雄（2011）认为，日本面临多方面挑战，且无法独立解决，需要重视并发展与中国的关系，从而学习和分享中国的发展经验并实现自身的可持续发展。奥黛丽（Audrey，2012）研究发现中韩两国的 FTA 将使双方在技术密集型行业的贸易快速发展。具天书（2012）认为，中日韩已经初步达到建立东亚经济共同体的客观条件，应借鉴欧盟的有关经验，建立制度化的合作机制。郑载兴（2012）提出解决中日韩合作问题，进一步加强合作的对策建议。西口清胜（2011，2013）分析了亚洲从经济奇迹到经济危机的发展历程，并提出地区合作以及阐释了日本在构建东亚共同体方面的国家战略；他还认为，后金融危机时代亚洲应扩大内需和加快东亚经济合作，在这些方面都需要重视与中国的合作。[①②] 李奎泰（2013）认为，中国改革开放所取得的巨大成就是构建中日韩为中心的东北亚经济合作体系的动因，并从韩国视角建议加强地区合作。[③] 吉松英太郎（Hidetaka Yoshimatsu，2015）分析了中日韩自由贸易协定政策的发展，并试图找出制约中日韩自贸区发展的决定因素。云（Hyun，2015）认为，韩国应与包括中国在内的 11 个符合一定标准的国家进行海关数据交换，从而提高贸易便利化合作水平。海尔曼（Heilmann，2016）通过举例分析认为，民众对于另一国的抗议示威活动将极大地减少两国间的贸易。

国内研究方面，汪斌（2002）分析认为，中日两国的国际分工是

---

① ［日］西口清胜著.刘晓民译,现代东亚经济论：奇迹、危机、地区合作［M］.厦门：厦门大学出版社，2011.

② ［日］西口清胜.东亚共同体还是亚太共同体—亚太地区合作与日本的走向？［J］.东南亚研究，2013（6）.

③ ［韩］李奎泰.韩中关系与东北亚国际合作机制.当代韩国，2013（2）.

以垂直分工主导兼向水平分工发展的类型。① 李准晔等（2002）认为，工业产品贸易尤其是产业内贸易迅速促进了两国贸易的增长。汪素芹（2003）认为，建立中韩 FTA 可以解决中韩之间的倾销与反倾销、贸易壁垒、两个国家贸易不平衡问题，两国之间双边贸易也会因此增长。高敬峰（2004）通过研究中日产业间和产业内贸易形式认为，两国之间的贸易仍然是以比较优势决定的产业间贸易模式为主。秦熠群等（2005）认为，围绕着产业内贸易开展是中韩两国贸易的主要特点，垂直型贸易主导下的水平型贸易有增长趋势。汪斌（2006）、谭晶荣（2006）认为，中韩两国的贸易总体竞争力差距不大。阴之春（2006）指出中韩两国水平较低的贸易主要表现在产业间，增长很快的高水平贸易是产业内贸易。李晓峰等（2006）认为中韩贸易中摩擦不可避免，但对双边贸易关系影响不大，并且可通过建立中韩 FTA 缓解贸易摩擦，从而促进两个国家双边贸易健康稳定地发展。解忠涛（2006）分析认为，中国与日韩在贸易出口和贸易进口上具有较强的互补性，双边贸易仍具有较大潜力。杨伟文等（2007）通过对中日在制造业的显性比较优势指数的测算，认为中日制造业互补性随着双边贸易总量的逐年递增而不断增强。刘赛力（2008）认为，中韩两个国家要建立双边 FTA，相似的传统文化和地方风俗习惯也是其中的重要因素。赵放和李季（2010）利用 1991～2008 年的中韩双边贸易数据对中韩产业内贸易进行了实证分析，指出可通过企业、区域、政府在中国与韩国间推进自由贸易区建设。王厚双和齐朝顺（2015）认为，中韩 FTA 对两国经济的积极作用除了体现在扩大数量上，更体现在调整结构上。② 焦曦（2015）运用出口相似度指数进行分析并得出结论：日韩产品在中国市场上存在着激烈的竞争关系，并呈现出韩国贸易份额

---

① 汪斌. 中日贸易中工业制品的比较优势及国际分工类型的实证分析 [J]. 财经论丛，2002（6）：1-6.
② 王厚双，齐朝顺. 中韩 FTA 的经济政治影响分析 [J]. 东北亚研究论丛，2015（1）：43-64.

不断增大，日本贸易份额不断减小的趋势。侯丹丹（2016）运用全球贸易分析（GTAP）模型分析了中韩 FTA 生效后对日本出口的影响，得到了相同的结论。李海莲等（2017）认为市场规模水平、经济开放度、外国直接投资（FDI），以及贸易不平衡程度会对中韩工业制成品产业内贸易产生重要影响。沈铭辉等（2017）在对韩国 FTA 政策的演变的基础上对中韩 FTA 的贸易效应进行了实证分析。王厚双等（2018）比较了中日韩与东盟三个 FTA 农产品降税模式并分析了成因，提出应早日达成 RCEP 的建议。[①] 金川（2019）分析了贸易保护主义下中日韩 FTA 的机遇和挑战，并做了前景展望。

3. 中国与澳大利亚、新西兰贸易的相关研究

国外研究方面，麦银华和菲利浦等（Mai Yinhua and Philip et al.，2005）的研究表明，到 2015 年，贸易创造效应主要体现在产出、福利等方面。[②] 侯民越（Hou Minyue，2006）发现中国与澳大利亚之间的贸易自中国改革开放起开始增长，体现出了互补性。李杰明和韩桑勇（Jaimin Lee and Sangyong Han，2008）认为澳大利亚单方的关税税率和中澳两国的平均关税税率均与贸易分工负相关。西里瓦达纳（Siriward-ana，2008）认为，若取消双边贸易保护，澳大利亚 GDP 的提高要高于中国。程大伟（Dawei Cheng，2008）认为，中澳间的互补贸易结构源于两国间不同的生产优势。伊斯兰和伊斯兰（Islam and Islam，2010）等认为，中澳经济具有互补性，建议双边贸易自由化使用谈判来实现。阿里（Ali，2011）认为，中新 FTA 对贸易双方均有较大利益，通过完善贸易法规政策、缩小文化差距等措施可提高贸易水平。巴诺（Bano，2014）的研究表明，中新两国贸易增长迅速，自贸区的建立使得两国贸

---

① 王厚双，黄金宇. 中日韩与东盟农产品贸易降税模式比较研究——兼论 RCEP 谈判的推进 [J]. 国际经济合作，2018（5）：72–77.

② Mai Yin Hua, Philip Adams, Fan Min Tai, et al. Modeling the Potential Benefits of Australia – China Free Trade Agreement. Independent Report Prepared for Australia – China FTA Feasible Study, Center of Policy Studies, 2005：22–60.

易有较大的改进余地。①

　　国内研究方面，杨军等（2005）使用全球贸易分析模型模拟了中澳两国在建立自由贸易区后的影响，结论是对于澳大利亚而言，其受益的是工业和农业，而中国的劳动密集型产业受益较多。② 刘李峰、武拉平（2006）分析认为，在农产品方面中新贸易产业间与产业内贸易并存，贡献较大的是产业间贸易。胡冰川（2007）的研究表明，中新自贸区的建立能够提高两国的福利水平，其中中国的福利水平提高得更多。邵兵家等（2008）认为，中新自贸区会使新西兰贸易效应提升较大。刘邦芳等（2008）认为，中澳两国的资源禀赋差异和产业结构存在较强的互补性，影响着两国的贸易。何好俊、祝树金（2008）认为，中澳两国各自的产业优势具有较强的互补性。侯敏跃（2010）指出中澳两国存在高度敏感性和依赖性的铁矿石贸易会给双方带来突出的影响。李慧燕、魏秀芬（2011）认为，自贸区建立后的关税税率降低会导致中国进口澳大利亚乳制品显著增长。③ 司伟等（2012）认为，中澳自贸协定下双方所获利益不均等。姬艳洁等（2012）认为，中新两国双边贸易进一步增长源于两国不同的贸易需求，且示范效应明显。王贝贝等（2015）认为，中澳贸易的互补性和竞争性在农产品贸易上表现突出。佟继英（2016，2017）认为，两国国内市场的需求是中新两国贸易的内因。孙人极和顾研（2017）发现中澳自由贸易在 GDP、贸易和福利水平方面对中新澳三国有促进作用。④ 王晓英、王嘉铭（2018）认为，中澳双方贸易联系紧密、互补性很大的是农产品贸易。侯敏（2019）运用 RTA 和

---

① Sayeeda Bano. Trade Relations between New Zealand and China：An Empirical Analysis in the Context of a Free Trade Agreement［J］. Review of Economics & Finance，2014（3）.

② 杨军，黄季煜，仇焕广. 建立中国和澳大利亚自由贸易区的经济影响分析及政策建议［J］. 国际贸易问题，2005（11）.

③ 李慧燕，魏秀芬. 中澳自由贸易区的建立对中国乳品进口贸易的影响研究［J］. 国际贸易问题，2011（11）：77－84.

④ 孙人极，顾研. 中澳贸易自由化对中新澳经济、贸易和产业的影响——基于 GTAP 的模拟分析［J］. 亚太经济，2017（1）：77－84＋165＋175.

OBC 指标实证分析了中澳矿产品贸易的优势与互补性，得出澳大利亚具有明显优势，并且两国之间存在长期互补性关系，且贸易潜力很大。赵金龙等（2019）运用拓展的引力模型对中新两国自由贸易区的贸易创造效应和转移效应进行了实证分析，得出中新两国贸易额年均增长 15.7%，两国存在正向的贸易创造效应，且促进了对非成员国的贸易，但自贸区的建立对两国农产品和工业制成品上的贸易创造与转移效应存在一定差异。[①] 唐魏（2020）通过梳理中新两国贸易中的现状，查找出问题和困难，并结合分析结论提出了解决问题的对策建议。

三、贸易效率机制及影响因素的相关研究

1. 贸易效率机制的相关研究

关于贸易效率的机制，学者们研究的相对较少，且主要从交易费用、伦理、文化及科技方面进行研究，而很少从国内生产总值、人口规模、关税等角度进行研究。

关于交易费用与贸易效率，罗能生（2006）认为，专业化经济与节约交易费用的矛盾产生国内贸易和国际贸易。专业化源于产业分工，专业化生产与多样化消费之间存在的矛盾只有通过贸易的方式才能解决，但交易费用也会伴随贸易产生。假定专业化分工水平或者说收益一定，产业发展的某一阶段，起至关重要作用的就是交易费用的大小，贸易能否产生，能否形成全国贸易及国际贸易会由交易费用决定。因此可以看出，交易费用是影响贸易效率的关键因素。进一步地，罗能生（2006）认为，贸易效率受文化的影响表现在交易费用与

---

① 赵金龙，张蕊，陈健. 中国自贸区战略的贸易创造与转移效应研究——以中国—新西兰 FTA 为例 [J]. 国际经贸探索，2019（4）：27 – 41.

贸易不确定性方面。其一是人们对对方文化传统的熟悉和了解可以通过贸易来增强，交易机制的合理性可以降低交易费用，同时贸易不确定性也会降低。其二是文化的异质性使得贸易各方的价值观念、行为规范和思维方式会产生差异，这就会在一定程度上增加交易费用，同时贸易的不确定性也会加大。贸易双方沟通的成本会因为其文化冲突与经济利益的交织变大，从而增加贸易风险。在科技创新与贸易效率方面，何俊（2007）认为，自20世纪90年代以来，全球的神经中枢由全球信息高速公路掌控，其融合现有计算机网络服务、电话和有线电视的功能为教育、卫生、商业、金融娱乐等搭建了服务项目的平台，从而使全球的交流和沟通以分布式智慧网络实现瞬间分享。国际贸易中的电子商务受其影响最大，迅猛增长的网上交易额使得传统国际贸易过程电子化，国际贸易方式因此改变，贸易效率得以提高，贸易效益不断增加。关于伦理与贸易效率问题，罗能生（2006）认为，伦理约束起到了维护贸易秩序、有效约束不完全契约条件下人的行为的作用，这些因素最终都会影响到贸易效率——节约贸易中的交易成本，提升贸易企业的信誉并使其社会资本增值，从而提高贸易效率。因此，遵守社会伦理规范、具备良好的信誉能够在降低交易成本的同时提高交易效率，并且能给信誉主体带来信誉的规模经济效应与规范经济效应。

2. 贸易潜力及其影响因素的相关研究

贸易影响因素的确定是为了确定贸易效率主要变量，因此是测算贸易效率的前提，针对贸易影响因素的研究起步较早。安德森（Anderson，1979）率先推导出了引力方程。赫尔普曼（Helpman，1987）修正了引力模型。伯格斯特兰德（Bergstrand，1985，1989）在分析决定贸易的因素时使用了在垄断竞争框架下的贸易引力模型，并将价格、收入、成本等变量引入了基于局部均衡模型和资源禀赋理论的引力模型。①② 迪尔多夫 (Deardorff, 1998) 从有无贸易成本入手, 运用 H - O 理论对阻力因素进行充分研究。③ 安德森和范·温库普 (Anderson and Van Wincoop, 2003) 建立了从需求出发的一般均衡模型, 明确了基于不变替代弹性函数 (CES) 和完全分工的贸易成本的影响, 指出多边阻抗可以表示贸易壁垒及其相应弹性的函数。这些研究不仅成为引力模型的理论基础, 并且有力地解释了各项实证应用结果中出现的各种问题和差异。④

在实证研究的扩展和应用方面, 马德蒂亚德斯 (Mdtyds, 1997, 1998)、布鲁斯和艾格 (Breuss and Egger, 1999)、艾格 (2000)、陈和沃尔 (Chen and Wall, 1999) 等人完善了引力模型的计量经济学规范。贝斯特兰德 (Berstrand, 1985)、索洛阿加和温特斯 (Soloaga and Winters, 1999)、赫尔普曼 (1987)、魏 (Wei, 1996)、布哈斯 (Bougheas, 1999)、李贸和维纳布尔斯 (Limao and Venables, 1999) 等人对原有解释变量进行了精炼并提出了一些新的变量。被扩展的引力模型也被广泛应用于国际贸易问题的研究, 主要涉及区域制度质量因素、区域贸易组织、贸易潜力预测等方面。区域贸易组织内贸易问题研究方面, 索洛阿加和温特斯 (2001) 在 20 世纪 90 年代经济区域化受什么影响方面展开研究。皮亚鲁和库姆 (Piaru and Kume, 2000) 在研究双边贸易问题时使用了参与北美自由贸易协定 (NAFTA)、欧盟、东盟等的 44 个

① Bergstrand J H. The Gravity Equation in International Trade: Some Microeconomic Foundations and Empirical Evidence [J]. The Review of Economics and Statistics, X985: 474 – 481.

② Bergstrand, J. H. The Generalized Gravity Equation, Monopolistic Competition, and the Factor-proportions Theory in International Trade [J]. The Review of Economics and Statisticis, 1989, 71 (1): 143 – 153.

③ Alan, Deardorff. Determinants of Bilateral Trade: Does Gravity Work in a Neoclassical World? [J]. The Regionalization of the World Economy, 1st edn. University of Chicago Press, Chicago, 1998: 7 – 32.

④ Anderson, J. E. & Wincoop, E. V. Gravity With Gravitas: A Solution to the Border Puzzle [J]. The American Economic Review, 2003, 93 (1): 170 – 192.

国家（地区）的数据。布拉维（Blavy，2001）对贸易的决定因素和发展潜力的研究是基于各国间的贸易活动。塞马尔（Cermal，2001）认为成员国之间的贸易产生较大影响的因素之一是发展中国家间的区域贸易协定。佩里迪（Peridy，2005）研究认为，贸易协定签署及其创造效应促进了地中海周边国家对欧盟的出口增长。制度与贸易关系方面，安德森和马库勒（Anderson and Marcouiller，2002）认为，交易成本与阻碍国际贸易的非安全因素显著相关。格罗等（Groot et al.，2004）认为两国管制质量提高、制度相似及腐败程度下降等会提高两国间贸易流量。贸易潜力预测方面，克里斯蒂（Christie，2002）、拉赫曼（Rahman，2003）、巴特拉（Batra，2004）、桑恩和陈炫（Sohn and Chan - Hyun，2005）、拉赫曼（2010）研究了东南欧国家、孟加拉国与印度、韩国、澳大利亚等国的贸易潜力。

国内运用引力模型测算贸易潜力和分析贸易影响因素的研究十分常见。刘青峰等（2002）认为，双边贸易的发展应积极培养新经济要素。孙林（2008）研究认为，"贸易过度"体现在中国与美国、日本之间，"贸易不足"体现在中国与墨西哥、俄罗斯、印度、欧盟、澳大利亚、加拿大之间。[①] 吴丹（2008）研究发现，对贸易潜力影响较大的是经济规模、国家距离、制度差异等因素。赵雨霖等（2008）发现中国—东盟各国农产品贸易有巨大的潜力。张英（2012）研究发现，双边人均GDP、区域制度安排、平均关税税率水平、政治互信程度以及金融危机对中俄贸易影响较大。

3. 随机前沿引力模型分析贸易潜力、贸易效率及影响因素的相关研究

梅森和布勒克（Meeusen and Broeck，1977），艾格纳、洛弗尔和

---

① 孙林. 中国农产品贸易流量及潜力测算——基于引力模型的实证分析［J］. 经济学家，2018（11）：70 – 76.

施密特（Aigner，Lovell and Schmidt，1977）提出了随机前沿分析方法并将技术效率的前沿测定方法作为效率的测定基础，应用到效率测算中。在贸易效率的测算及影响因素的分析方面，随机前沿引力模型与传统的引力模型所采用的估计各种决定贸易因素的平均效应的方法不同，其能够将不可观测的贸易影响因素更好地纳入模型分析研究中，对贸易潜力的测算更加全面和客观。

在贸易效率和贸易潜力及贸易效率影响因素的实证研究中，雅丝米娜（Yasmina，2002）运用随机前沿分析方法对影响出口效率的因素进行了测算。吴（Wu，2003）通过运用随机前沿分析方法量化出口函数，并以此估计出口潜力，分析了中国各地区的贸易潜力。[①] 康和弗拉蒂亚尼（Kang and Fratianni，2006）运用扩展后的引力模型和随机前沿引力模型分别测算了 177 个样本国家的双边贸易潜力，认为随机前沿引力模型更具优势。[②] 拉维尚卡尔和斯太克（Ravishankar and Stack，2014）发现贸易阻力很小的国家实际贸易值会达到潜力值的2/3。罗佩托（Roperto，2014）认为，出口效率较高的国家与均值的标准差为 35.02%，这一标准差超过 90% 的国家包括加拿大、澳大利亚、新西兰等。

近年来，国内学者也开始大量采用随机前沿分析方法研究贸易效率、贸易潜力和贸易效率影响因素。施炳展、李坤望（2009）得出中国各地区的贸易潜力不断稳定上升的结论。[③] 贺书锋等（2013）量化评估了北极航道的开通与中国贸易潜力的提升的关系。谭秀杰（2015）以"海上丝绸之路"的贸易效率不断提升为依据，提出了实现贸易潜

---

① Wu Yanrui， "Export Potential and Its Determinants Among the Chinese Regions"，Paper Prepared for Presentation at the 4th International Conference on the Chinese Economy，CERDI，2003（10）：23 – 24.

② Kang，H.，and Fratianni M.，X006，"International Trade Efficiency，the Gravity Equation，and the Stochastic Frontier"，SSRN Electronic Journal，2006（4）.

③ 施炳展，李坤望. 中国出口贸易增长的可持续性研究——基于贸易随机前沿模型的分析［J］. 数量经济技术经济研究，2009（6）：64 – 74.

力与提高贸易效率的建议。刘海云等（2015）发现供求双方经济规模对中国影响较大。孙金彦、刘海云（2016）测算了中国与"一带一路"沿线国家的贸易效率。芳英、马芮（2018）指出中国对"一带一路"沿线国家文化产品的出口呈现较大不均衡性。曹安等（2018）认为，在不同地区之间，贸易效率和贸易潜力差异很大。李晓钟等（2019）认为，贸易效率整体上在不断提升，不过平均贸易效率低于0.5，且明显地体现在细分行业和不同区域上。[①]

四、文献述评

通过对现有文献的梳理可以发现，国内外学者通过研究普遍认为：由于区域经济一体化的各种形式更具灵活性等优势，区域经济全面合作伙伴关系是当前实现区域经济一体化最重要的组织形式，也是目前存在最广泛的组织形式。虽然从各成员国的角度来看，区域经济全面合作伙伴关系的建立会产生不同的影响，但总体上利大于弊，能够在不同程度上使各成员国获益，并且随着贸易自由化水平的不断加深，会不断增加各成员国自身的福利水平、带动经济增长。

但相关研究大部分以实证研究为主，理论研究尤其是区域经济全面合作关系形成机制的理论研究相对较少，仍需进一步深化和发展。在实证研究方法上，学者们主要采用了引力模型、随机前沿引力模型和GTAP模型，各种方法虽均具有一定的合理性，但各自也存在一定的不足之处。在贸易潜力和贸易效率的实证研究方面，总体上看，仍然以引力模型和随机前沿引力模型分析方法为主，相比较而言，由于随机前沿引力模型可将不可观测的贸易影响因素更好地纳入模型分析研究中，因此其结论也更具全面性和客观性。

---

① 李晓钟，吕培培. 我国装备制造产品出口贸易潜力及贸易效率研究——基于"一带一路"国家的实证研究［J］. 国际贸易问题，2019（1）：80－92.

在贸易效率的研究方面，学者们的研究角度较为丰富，主要是以贸易量及贸易潜力为研究内容，涉及了国内生产总值、税率、文化、历史、制度安排等各方面。主要使用引力模型或随机前沿引力模型等方法对伙伴国间的贸易效率进行测算等。这些研究无论是研究内容，还是研究方法，抑或研究结论等，都会为进一步展开对贸易效率的研究提供较为丰富的借鉴。

在 RCEP 贸易伙伴国之间的贸易研究方面，国内外文献的研究主要集中在中国与东盟、中日韩和中澳新的贸易研究和自贸区研究方面，主要分析了中国与上述贸易伙伴之间的贸易结构、比较优势、贸易潜力及贸易影响因素等问题，研究了中国与各国间的贸易效率及影响因素等内容，大多以实证分析为主。但相关学者对 RCEP 整体的分析和研究较少，尤其是对伙伴国间贸易效率的形成机制、贸易效率的测度及贸易影响因素的研究相对较少。

基于上述分析，本书拟以 RCEP 为研究对象，从中国与 RCEP 伙伴国的贸易效率视角切入，具体研究中国与 RCEP 伙伴国的贸易效率机制、贸易演进与现状、贸易效率及影响因素、提升效率对策等具体内容。

第三节　研究内容

本书将围绕"中国与 RCEP 伙伴国贸易效率"这一核心问题展开深入的研究。本书将分七章进行研究。第一章，绪论。此章在分析本书选题的研究背景、研究意义以及在对国内外研究现状进行梳理的基础上，对本书的研究内容及研究框架、研究方法、创新点进行设定并找出可能存在的不足。此章是本书研究的出发点。第二章，理论依据。此章对关税同盟理论、大市场理论、国际协议分工理论等代表性区域经济一体化理论关于贸易效率问题的思想、传统国际贸易理论关于贸易效率的思想、新贸易理论关于贸易效率的思想以及新新贸易理论关于贸易效率的思想等进行了深入的研究。此章是本书研究的理论依据。第三章，区域经济一体化影响贸易效率的机制分析。此章在对贸易效率的内涵进行界定的基础上，从区域经济一体化影响贸易效率的四个假设出发，从贸易成本、贸易收益与贸易效率，影响因素协调与贸易效率，贸易能力与贸易效率等角度深入地研究了区域经济一体化影响贸易效率的机制。此章是本书研究的理论依据的进一步深化，是本书进一步研究的指导。第四章，中国与 RCEP 伙伴国贸易发展历程、特点与问题分析。此章对中国与 RCEP 伙伴国贸易发展历程、中国与 RCEP 伙伴国贸易特点，以及中国与 RCEP 伙伴国贸易发展存在的主要问题进行了全面深入的研究。此章是本书研究的客观依据。第五章，中国与 RCEP 伙伴国贸易效率的实证分析。此章在对随机前沿引力模型进行拓展研究的基础上，对中国与 RCEP 伙伴国贸易效率进行了实证分析。第六章，中国与 RCEP 伙伴国贸易效率影响因素。此章从贸易合作能力、贸易制度性障碍、语言和文化等非制度因素的干扰、贸易依存度以及其他因素等多个角度深入地研究中国与 RCEP 伙伴国贸易效率影响因素，进而对中国与 RCEP 伙伴国贸易效率影响因素进行了实证分析。此章的研究是本书研究的进一步深化。第七章，提升中国与 RCEP 伙伴国贸易效率的对策思考。此章从提升伙伴国的贸易合作能力与水平、区域内发达国家的深层次经贸合作、发挥非制度因素推动 RCEP 经贸合作的功能，强化与 RCEP 主要伙伴国合作等几个方面对提升中国与 RCEP 伙伴国贸易效率的对策进行了深入的思考。此章是本书研究的落脚点，也是本书研究重要的实践意义所在。基于此，本书研究的框架如下图 1－1 所示。

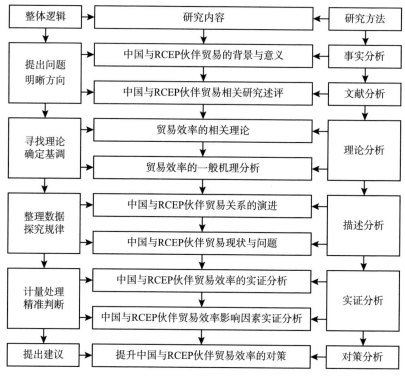

图 1 - 1　本书的整体框架

第四节　研究方法

（1）案头研究方法。首先，本书的研究将采用多种方式收集与
"中国与 RCEP 伙伴国贸易效率研究"密切相关的资料，例如，充分利
用图书馆数字资源平台、网络、报纸、期刊、著作和学术报告等收集有
关中国与 RCEP 伙伴国贸易效率研究的相关文献及影音资料；其次，对
收集的资料进行筛选、分类、汇总，为本书的研究提供丰富翔实的文献
资料；最后，将根据本书研究目标的需要，对相关的研究资料进行分
析、提炼、吸收、借鉴。

（2）跨学科的研究方法。由于"中国与 RCEP 伙伴国贸易效率研究"本身就是一个涉及国家战略、国际关系、国际政治等诸多方面的问题，因此，在研究中国与 RCEP 伙伴国贸易发展存在的主要问题时，采用跨学科的研究方法将有助于加深对问题研究的深度；在研究中国与 RCEP 伙伴国贸易效率影响因素时，由于这一问题既涉及经济因素，也涉及政治、历史、文化、地理距离等因素；既涉及域内国家，也涉及域外国家。因此，采用跨学科的研究方法将有助于使所研究的问题避免偏颇性，提高研究的全面性，加深研究的深度。

（3）随机前沿分析法。随机前沿分析法通过将误差项分解为随机扰动项和非效率项，可以比较有效地区分贸易非效率因素与经济主体无法控制的其他干扰因素。本书研究将采用随机前沿分析法，能够得到实际响应系数和因子平均响应系数的迭代 GLS 估计值，以准确地测算出中国与 RCEP 伙伴国的贸易效率。

第五节 本书创新点与不足

一、本书的创新点

一是研究视角具有创新性。本书在对区域经济一体化理论、传统国际贸易理论、新贸易理论以及新新贸易理论关于贸易效率的思想等进行深入研究的基础上，特别是在对区域经济一体化影响贸易效率机制进行深入研究的基础上，从贸易成本、贸易收益与贸易效率，影响因素协调与贸易效率，贸易能力与贸易效率等角度深入研究区域经济一体化影响贸易效率的机制，进而对中国与 RCEP 伙伴国贸易效率影响因素进行实证分析，研究的角度具有创新性。

二是研究方法具有前沿性和集成性，具有创新性。本书的研究方法主要采用了跨学科的研究方法和随机前沿引力模型方法，特别是本书采用了随机前沿引力模型来测算中国与 RCEP 伙伴国的贸易效率问题。而随机前沿引力模型以随机前沿方法为核心，与传统引力模型存在较大区别，能够准确测算两国之间的贸易潜力和贸易效率。同时，传统估计贸易效率影响因素的方法是基于组合误差的非效率因素的条件平均值，该条件平均值可以看作是产出或收益损失的平均值。本书的研究采用随机前沿引力模型来分析中国与 RCEP 伙伴国贸易效率，能够将造成贸易非效率的因素与经济主体无法控制的其他干扰因素区别开来，从而更准确地发现影响贸易效率的因素。因此，本书的研究方法具有前沿性和集成性，具有创新性。

三是"多维度"研究的特点鲜明、创新突出。本书既从经济因素的维度，也从政治、历史、文化、地理距离等维度来研究区域经济一体化影响贸易效率的机制、中国与 RCEP 伙伴国贸易效率影响因素等问题；既从域内国家的维度，也从域外国家的维度来研究区域经济一体化影响贸易效率的机制、中国与 RCEP 伙伴国贸易发展存在的主要问题，因此，本书"多维度"研究的特点鲜明、创新突出，从而能够保证本书研究的广度、深度和创新。

二、本书的不足之处

由于缺少中国与 RCEP 14 个伙伴国不同类别商品双边贸易的全部统计数据，如根据国际贸易标准分类中的两位数级的更具有相似性的商品分组数据，因此难以对不同类别商品进行分组估计，以区分产业内贸易和产业间贸易，即同一产品或类似产品单向流动和同一产品或类似产品的双向流动。而且考虑商品类别的跨组面板数据分析会更有利于避免出现预期方差损失问题。

第二章

理 论 依 据

第一节 区域经济一体化理论关于贸易效率问题的思想

一、关税同盟理论关于贸易效率的思想

关税同盟理论主要是从其静态效应与动态效应两个方面来研究区域经济一体化贸易效率问题。

1. 关税同盟的静态效应

关税同盟理论认为，区域经济一体化贸易效率首先表现为关税同盟的静态效应。

（1）贸易创造效应（trade creating effect）。贸易创造效应是由关税同盟引致的，原来对本国较高生产成本产品的同盟内某成员国的消费转移到对伙伴国较低生产成本产品的消费，从而创造了过去由于存在关税壁垒而不发生的那部分贸易。两个方面体现了这种消费转移：一是国内对同类产品的需求减少或取消，转向伙伴国进口；二是成本较高的国内

产品会被伙伴国的产品替代。① 两种效应会形成，一是原先在国内生产的商品所耗费的实际成本节省的生产效应，二是消费者剩余因低成本商品取代高成本商品满足国内需求而增加的消费效应，关税同盟的贸易创造效应因此而产生。生产利得和消费利得构成了贸易创造效应，关税同盟国的社会福利水平也会因贸易创造效应而提高。

（2）贸易转移效应（trade diversing effect）。无关税同盟约束则关税同盟国进口世界上生产效率最高、成本最低的国家的产品；有关税同盟，则同盟国进口的产品会由同盟内生产效率最高的国家出口。但进口成本增加会因为同盟内生产效率最高的国家不是世界上生产效率最高的国家，这样会扩大消费开支，同盟国的社会福利水平降低，贸易转移效应产生。加入关税同盟后的一国福利净增加还是净减少由以下因素决定：一是加入同盟后国内价格下降的幅度的大小。加入同盟后就能获得福利净增加与价格下降幅度足够大相匹配。二是国内需求弹性和价格供给。一国国内需求弹性和价格供给越大，消费者剩余被加入关税同盟后的该国获得的就越多，生产者剩余失去的就越少，社会福利净增加的可能性越大。三是加入关税同盟前的关税水平。加入关税同盟前，一国的关税水平越高，国内价格会在其加入关税同盟后下降得越大，福利的净增加因而就越有可能被获得。

（3）贸易扩大效应（trade expansion effect）。贸易扩大效应一般从需求方面考察，是指关税在关税同盟内部取消后，商品价格的下降进而导致需求扩大的效应。贸易扩大的效应都会因关税同盟而产生，其不受贸易创造效应、贸易转移效应的影响。行政支出会因关税同盟的建立而减少。另外走私也因关税同盟的建立而减少，产品走私的根源因关税同盟国间商品可以自由流动而消除。查禁走私的费用支出减少的同时，道德水准也会被提高。还有就是集体谈判力量会由于关税同盟建立而得以

---

① 彼得·罗布森. 国际一体化经济学 [M]. 戴炳然等，译，上海译文出版社，2001：18.

加强。关税减让谈判统一进行源于经济实力增强，关税同盟贸易地位得以提高，贸易条件因此而改善。

2. 关税同盟动态效应

关税同盟的动态效应又叫作次级效应（secondary effect），主要是分析、考查关税同盟对成员国就业、国际收支、国民收入、产出、物价水平的影响。主要包括关税同盟加强成员国之间竞争、加深专业化程度、提高资源使用效率、规模经济化、投资被刺激、技术进步增强、生产要素的流动性提高、经济发展提速等。如今的区域经济全面伙伴关系已经超越了关税同盟。成员国间的经济政策的协调和各部门的共同政策向更高级形式发展，欧共体发展为欧盟就是一个典型。区域经济一体化及全面伙伴理论的新课题是重新分析和整理以前理论所涉及的诸多宏观经济的效应。特别是国际分工结构以及相对优势结构的变化，对由此产生的经济效应分析将成为区域经济一体化及全面伙伴化理论的重要的研究课题。贸易创造、贸易扩大、贸易转移等关税同盟等理论的重要内容可以解释像欧盟等那种比较成功的区域经济一体化，但无法解释其他实行了关税同盟地区的效益不佳，甚至失败。因此，可以推知只有结合具体的发展阶段与实际，才能更好地运用和发展相关的理论。

二、大市场理论关于贸易效率的思想

1. 大市场理论的基本内容

众多学者开始对区域经济一体化的动态效应更加重视源于 1957 年《罗马条约》签订后，大市场理论因此而产生了。区域经济一体化的动态效应是关税同盟理论的关注点，而对区域经济一体化动态效应的研究更进一步则是大市场理论的关注点。把那些被保护主义分割的小市场统一起来的形式组成大市场是这一理论的目的，增加竞争度以促进利益增长。大市场理论的代表是西托夫斯基（Scitovsky）和德纽（Deniau）。德纽认为，大市场化组建成"机器的充分利用、大量生产、专业化、最新技术的应用、竞争的恢复，所有这些因素都会使生产成本和销售价格下降；再加上取消关税也可能使价格下降一部分。这一切必将导致购买力的增加和实际生活水平的提高。购买某种商品的人数增加之后，又可能使这种消费增加和投资进一步增加"。"这样一来，经济就会开始其滚雪球式的扩张。消费的扩大引起投资的增加，增加的投资又导致价格下降、工资提高、购买力的全面增加……只有市场规模迅速增大，才能促进和刺激经济扩张"。① 西托夫斯基认为，小市场与保守的企业家态度的恶性循环存在于西欧，即与美国相比西欧存在着低成本周转率、高价格、高利润率的矛盾。高利润长期处于平稳停滞状态源于市场狭窄、市场停滞、不激烈竞争、新竞争企业受阻止等。不能进行大量生产受制于高昂价格、很低耐用消费品普及率。西欧陷入恶性循环。打破这种恶性循环需要共同市场或贸易自由化条件下的激烈竞争。如果竞争激化，价格下降，旧式小规模生产会停止，大规模生产会产生。与此同时，实际收入的多数人会增加高档商品的消费。因此大市场产生有利于形成大规模生产，生产成本降低，大众消费增加，竞争进一步激化，积极扩张的良性循环便会出现。②

2. 大市场理论的实质及不足

大市场理论是当代区域经济一体化的重要理论基础。大市场理论的实质在于：一是其目的是实现技术利益通过扩大市场获得规模经济；二是上述目的依靠市场扩大所带来的激烈竞争实现。目的与手段是二者间的关系。但这一理论依然存在着两个不足之处：一是区域经济一体化、

---

① Salvatore, Dominik. International Economic, 8th edition［M］. 北京：清华大学出版社，2004.

② 陈同仇，薛荣久. 国际贸易［M］. 北京：对外经济贸易大学出版社，1997：153 – 156.

集团化的形态不一定是大市场理论所强调的累积动态过程的唯一支撑。企业家积极进取态度所引致的先进技术的引进，生产规模的扩大也可以完成这一目标。二是大市场理论认为，竞争看作是经济发展的唯一手段或动力，但竞争的局限性并未得到充分论证。

三、国际协议分工理论关于贸易效率的思想

针对许多学者都以李嘉图提出的比较优势原理来说明经济一体化内的分工原理，比较优势原理同"规模经济"和"竞争激化"并列。小岛清认为，只靠作为竞争原理的比较优势原理不可能完全实现规模经济的好处，完全依靠这一原理，可能导致各国企业的集中和垄断，影响经济共同体内分工和谐的发展和稳定发展。为了使经济共同体内经济、贸易健康地发展，小岛清提出了在经济共同体内实行协议性国际分工的原理。

小岛清认为，以前的国际经济学所讲的只是在成本递增下通过竞争原理达成国际分工和平衡，而对成本递减或成本不变的情况却没有论及。然而，成本递减是客观存在的经济现象，理论上需要说明的正是这种成本递减的情况。而区域经济一体化的目的就是通过大市场来实现规模经济，实现成本稳定、长期递减的问题。

假设有两个国家 I 国和 II 国，要生产 X、Y 两种商品。X 商品全由 I 国生产，并把 II 国 X_2 量的市场提供给 I 国；Y 商品全由 II 国生产，并把 I 国 Y_1 量的市场提供给 II 国。两国如此进行集中生产、实行专业化之后，两种商品的成本都明显下降。这只是每种商品的产量与专业化前两国产量之和相同时的情形，如果把随着成本、价格的下降两国需求会跟着增加的情况考虑进去，实际效应肯定更大。在这里重要的问题是，I 国要把 Y 商品的市场、II 国要把 X 商品的市场分别提供给对方，即必须达成互相提供市场的协议，即必须实行协议性国际分工。小岛清的协议性国际分工比关税同盟理论进了一步，类似欧盟式的区域经济一

体化模式能被比较恰当地加以分析。但这一理论仍有局限性：一是其不具有普遍性，不能用以解释全部的区域经济一体化现实；二是发展中国家间的区域经济一体化的不太成功的现实这一理论不能解释。实际上，这种区域经济一体化具有较明显的协议性国际分工的特征，即发展中国家间区域经济一体化具备协议性国际分工的基本条件：一是成员国的资本劳动禀赋比率无多大差别、工业化水平和经济发展阶段基本相等，哪个国家都能进行生产协议性分工的对象商品。在这种状态之下，在互相竞争的各国之间扩大分工和贸易，既是关税同盟理论所说的贸易创造效应的目标，也是协议性国际分工理论的目标。二是协议分工对象的商品必须是能够获得规模经济。因此规模经济的获得，在轻工业中较小，在重化工业中最大，第一产业中几乎无利益。三是所有国家生产 X 商品或生产 Y 商品的利益都应该无很大差别，即自己实行专业化的产业和让给对方产业之间没有优劣之分。

上述为三大区域经济一体化或集团化代表性理论，但面对纷繁复杂、具有各种特征、不断变化的区域经济一体化现实，现存的理论需要在原有的基础上进行发展，使其适应快速发展的区域经济一体化或集团化的现实。而达到这一目的，最好的途径便是更深入地研究现存的理论，在"站在巨人的肩膀上"的基础上作出新的尝试。

第二节　传统国际贸易理论关于贸易效率的思想

一、绝对优势理论关于贸易效率的思想

亚当·斯密用绝对优势这一概念来解释国际贸易的基础，他认为，国际贸易之所以发生，其基础在于各国在生产成本上存在绝对差异。亚

当·斯密认为，国与国之间展开对外贸易有两个基本的条件：一是各国之间存在差异，每个国家只有生产自己具有绝对优势的产品才能获得更多的利益；二是当国与国之间展开贸易时，一国就可以专门生产某种产品，形成规模经济。上述基本条件实际上都是与国际分工紧密联系的。他指出，分工是提高劳动生产率的最重要的因素之一，这一原理不仅适用于国内分工，同样也适用于国际分工。亚当·斯密认为，发展对外贸易的目的不是通过顺差获取金银，而是出口本国多余的产品，同时进口本国需要的其他种类的产品，从而促进国家物质财富的增长。他认为，对外贸易对所有参加的各方都是有利的。因而，他极力反对那种为了追求顺差而垄断贸易的做法，主张实行自由贸易。因为国际贸易中的垄断特权和限制，人为地提高了被保护的生产部门的利润率，结果资本就会从有优势的生产部门流向劣势的生产部门，造成社会生产率的下降；而实行自由贸易，各国就会更合理地使用资本和劳动力，支持本国在国际市场上有优势的产品，从而形成合理的国际分工体系。为了论证自由贸易的好处，他分析了分工对于提高劳动生产率的作用。通过分工进行生产，再相互交换劳动产品，就可以得到更多的利益，这个道理不仅适用于一国国内，同样适用于国际之间。他认为，在国际分工的基础上，有利的自然禀赋或后天有利的生产条件，可以使一国在生产和国际贸易方面处于比其他国家更有利的地位。如果各国能够实现自由贸易，按照自身的生产条件进行分工和交换，即生产并出口与别国同类商品相比有绝对优势的商品，进口则相反，这样各国的资源、劳动力和资本就可以得到最有效、最合理的利用，劳动生产率就会提高，物质财富也会不断增加。

二、比较优势理论关于贸易效率的思想

比较成本贸易理论（后人称为"比较优势贸易理论"）认为，国际贸易的基础是生产技术的相对差别（而非绝对差别），以及由此产生的

相对成本的差别。每个国家都应根据"两利相权取其重，两弊相权取其轻"的原则，集中生产并出口其具有"比较优势"的产品，进口其具有"比较劣势"的产品。比较优势贸易理论在更普遍的基础上解释了贸易产生的基础和贸易利得，大大发展了绝对优势贸易理论。比较优势可以表述为：在两国之间，劳动生产率的差距并不是在任何产品上都是相等的。每个国家都应集中生产并出口具有比较优势的产品，进口具有比较劣势的产品（即"两优相权取其重，两劣相衡取其轻"），双方均可节省劳动力，获得专业化分工提高劳动生产率的好处。

1. 李嘉图的单一要素模型

李嘉图在 1817 年首次提出了比较优势的概念。在他的模型中只有一个生产要素——劳动力，用单位产品劳动力投入来表示劳动生产率。李嘉图模型的两个主要含义是：国家间劳动生产率的不同是国际贸易的唯一决定因素；贸易的获益取决于比较优势而非绝对优势。光凭绝对优势是无法确定贸易模式的，因为在本国两个部门的单位产品劳动力投入都比国外低（即劳动生产率比外国高）或比外国高的情况下，两国仍然可以通过国际贸易获益。国际贸易使得世界产出增长的原因是：它允许每个国家专门生产自己有比较优势的产品。由于世界作为一个整体比以前生产了更多，则在理论上可能提高每个人的生活水平。国际贸易的互利性存在于两个方面：一是将国际贸易看作是一种间接的生产方式，这种间接生产方式比直接生产的效率高；二是各国通过国际贸易可以消费与其产出不同的产品组合，即国际贸易扩大了各国消费者选择的范围，提高了各国居民的福利水平。

2. 萨缪尔森—琼斯的特定要素模型

保罗·萨缪尔森是 1970 年诺贝尔经济学奖得主，他和琼斯一起除了将劳动力（L）作为流动要素外，还引入了资本（K）和土地（T）两种特定要素，特定要素指在一定时期内只能用来生产制造品或粮食中的一种产品的生产要素。李嘉图模型说明了贸易的潜在利益：在这一模型中，由于劳动是唯一的生产要素而贸易使各国的劳动力从劳动生产率相对低的部门转向劳动生产率相对高的部门，所以不仅所有的国家从贸易中获利，而且每个人的福利也都得到改善。然而在现实中，虽然国家整体会从贸易中获益，内部各个利益集团收入分配情况却不一样：出口部门特定要素的所有者会受益，与进口产品竞争部门特定要素的所有者会受损，流动要素所有者的影响不确定。原因是国际贸易对国家内部的收入分配有着巨大的影响：其一，特定资源不可能马上无成本地从一个部门转移到另一个部门；其二，各部门对生产和要素的需求有所不同。

3. 保罗·克鲁格曼关于边际收益递增引起的规模经济和垄断市场竞争的市场结构对贸易模式影响的观点

保罗·克鲁格曼认为，国际贸易使各国既能利用规模经济来生产有限类别的产品，又不牺牲消费的多样性。贸易能够扩大市场规模的思想成为垄断竞争模式在贸易中运用的基础，一个更大的市场导致更低的平均价格和更多的商品种类，使参与国际贸易的各国都获得利益。所有的人都能从一体化市场得到好处，而要实现一体化得到的好处，各国必须参与国际贸易。为了达到规模经济，各厂商必须集中生产，要么在本国要么在国外，但必须在两个市场同时销售，最终任何产品均只在一国生产并出口到另一国。由此它很好地解释了与要素差别无关的、在资本—劳动力和技术水平相似的国家间进行的行业贸易。目前，随着主要工业化国家在技术水平、资本、技术工人、资源储备上日益相似，许多国际贸易采取了由规模经济推动的行业内双向贸易形式，这种情况下的贸易对收入分配的影响将会很小。这个理论同时用外部经济解释了厂商的地理集中，即马歇尔提出的"行业地区"和波特所说的"产业集聚"现象。

三、要素禀赋理论关于贸易效率的思想

赫克歇尔和贝蒂·俄林创立了要素禀赋理论，也叫赫—俄理论或新

古典贸易理论。该理论是对比较利益学说的重大发展。赫—俄理论有狭义和广义之分。狭义的赫—俄理论被称为生产要素供给比例理论，其主要观点是用生产要素禀赋来解释国际贸易发生的原因和进出口商品的特点。广义的赫—俄理论还包括生产要素均等化定理，其主要内容是说明国际贸易不仅会使贸易各国的商品价格趋于相等，而且还会使贸易各国的生产要素价格趋于相等。赫—俄理论的要点可以概括为以下几个方面。（1）生产要素的禀赋差异是国际贸易发生的根本原因。同一种商品在不同国家的价格不同，在国内同时又具有比较成本优势，商品就会从价格低的国家流向价格高的国家，导致国际贸易发生。而同一种商品在不同国家的价格不同，是由各国生产要素的禀赋不同，从而要素的相对价格不同决定的。所以要素的禀赋差异是国际贸易发生的根本原因。（2）各国应该出口那些密集使用本国丰裕资源的商品，进口那些密集使用本国稀缺资源的商品。如果一国劳动力相对丰裕，资本相对稀缺，就应该出口劳动密集型产品，进口资本密集型产品；相反，如果一国资本相对丰裕，劳动力相对稀缺，就应该出口资本密集型产品，进口劳动密集型产品。这种分工和贸易模式对贸易双方都有利。（3）自由贸易不仅会使本国商品价格趋于均等，而且还会使要素价格也趋于均等。贸易前，丰裕要素的价格低，稀缺要素的价格高；贸易后，前者价格上升，后者价格下降，趋于均等。

赫—俄理论认为，要素价格均等化是一种趋势。赫克歇尔—俄林定理（H—O）模型被称为一般均衡模型。H—O 定理模型的基本结论基于如下的逻辑关系：（1）同一商品在不同国家的价格差异是国际贸易的直接动因。（2）在完全竞争的市场结构下，商品价格差异是由生产成本的差异造成的。（3）两国技术系数相同时，成本差异源于生产要素价格的不同。根据生产函数的线性齐次性，生产成本等于要素投入量与要素价格乘积的代数和，又因两国同一商品的要素投入系数相同，故其生产成本取决于生产要素的价格。（4）生产要素价格的差异是由要素丰裕度的不同造成的。在不考虑要素需求的情况下，要素价格取决于要素的供给，丰裕要素的价格相对较低，稀缺要素的价格相对较高。图2-1清晰地表示出所有经济力量是如何共同确定最终商品价格的。这也就是赫克歇尔—俄林定理（H—O）模型被称为一般均衡模型的原因。

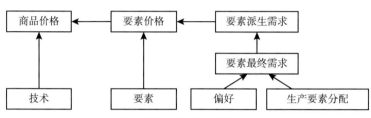

图2-1　赫克歇尔—俄林理论的一般均衡框架

从图2-1的右下角出发，生产要素所有权的分配和需求偏好共同决定了对商品的需求，对生产要素可以从对最终商品的需求中派生出来的，对要素的供需力量共同决定了要素价格，要素价格和技术水平决定了最终产品的价格，各国商品相对价格之间的差异确定了比较优势和贸易模式。图2-1中由要素相对供给量的差异导致的要素价格差异和商品相对价格差异的过程用双线表示。

第三节　新贸易理论关于贸易效率的思想

一、新贸易理论

新贸易理论包括五个主要内容：产品生命周期学说、国家竞争优势理论、需求偏好相似学说、产业内贸易学说和新经济地理学理论。在此着重介绍国家竞争优势理论、需求偏好相似学说和产业内贸易学说。

1. 国家竞争优势理论

哈佛大学教授迈克尔·波特提出一国兴衰的根本在于赢得国际竞争的优势，而国际竞争优势的取得关键在于国家是否具有适宜的创新机制和充分的创新能力。迈克尔·波特的国家竞争优势理论按照国家竞争优势取决于产业竞争优势，而产业竞争优势又决定于企业竞争优势这一逻辑线索，以产业经济为突破口，站在产业层次，认为国家竞争优势取决于产业竞争优势，而产业竞争优势又决定了企业竞争战略，从企业层面上扩展到国家层面，从微观、中观、宏观三个层次系统地提出了竞争优势理论。在微观竞争机制中，国家竞争优势的基础是企业内部活力，企业缺少活力，不思进取，国家就难以树立整体优势，能使企业获得长期盈利能力的创新，应当是研究、开发、生产和服务各环节上都使产品增值的创新。在宏观竞争机制中，个别企业、产业的竞争优势并不必然导致国际竞争优势。因此，一国的宏观竞争机制对其是否能取得国家竞争优势有重要的决定性作用。图 2-2 为国家竞争优势模型。

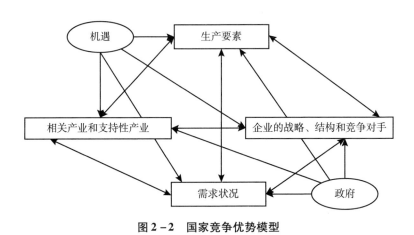

图 2-2　国家竞争优势模型

2. 需求偏好相似学说

需求偏好相似学说是瑞典经济学家林德提出的。他用国家之间需求相似来解释工业制成品贸易发展。林德认为，赫—俄理论只适用于工业制成品和初级产品之间的贸易，而不适用于工业制成品之间的贸易。林德认为，工业制成品的生产，最初都是为了满足国内需求，只有当国内市场扩大到一定程度时，才会将产品推向国际市场。由于该产品是在考虑本国收入水平的条件下，为了满足国内市场偏好而生产的，所以该产品较多地出口到偏好和收入相似的国家。这些国家的需求结构和需求偏好越相似，其贸易量也就越大。林德认为，影响一国需求结构的主要因素是人均收入水平。人均收入水平越相似，两国消费偏好和需求结构越相近，产品的适应性就越强，贸易关系就越亲密。人均收入水平较低的国家，选择消费品的质量也较低；人均收入水平较高的国家，选择消费品的质量也较高。因此，人均收入水平影响消费偏好和需求结构，消费偏好和需求结构影响贸易关系。即使一国拥有比较优势的产品，如果与其他国家收入水平差距很大，该产品也不能成为贸易品。

3. 产业内贸易学说

产业内贸易是产业内国际贸易的简称，是指一个国家或地区在一段时间内，同一产业部门产品既进口又出口的现象。比如日本向美国出口轿车，同时又从美国进口轿车的现象；中国向韩国出口某种品牌的衬衣，同时又从韩国进口某种 T 恤衫的这种贸易活动。产业内贸易还包括中间产品的贸易，即某项产品的半制成品、零部件在两国间的贸易。

在国际贸易中有无数种类的商品，为了对这些商品进行分类，人们提出了两个标准：一是消费上能够相互替代；二是生产中有相近或相似的生产要素投入。只要符合这两个标准，就可以称为同类商品，而一个国家同时进出口这种同类商品的现象叫作产业内贸易。对这种产业内贸易的性质、特点、原因、影响等问题进行的研究就叫作产业内贸易理论。

产业内贸易是相对于产业间贸易而言的，是指一个国家在出口某种商品的同时又进口同类型的商品，也常被称为双向贸易或贸易重叠。按照国际商品标准分类方法的规定，相同类型的商品是指至少属于同章、同类和同组商品同时出现在一国的进出口项目中。

产业内贸易同一般意义上的工业制成品贸易不同，是指两个以上的国家在某个相当明确和具体的时期内进行贸易。与产业间贸易相比较，产业内贸易有两个特点：一是进口和出口的商品有非常高的相互替代性。从使用价值的角度来考虑，进出口商品之间并没有大的差异，而仅仅是消费者的选择和偏好不同。二是进口国和出口国在商品生产能力方面并无大的差别。贸易往往是在生产力发展程度、人均国民收入水平等条件接近的国家之间进行。因此，产业内贸易的形成基础和影响都不同于产业间商品的相互贸易。这种不同有如下体现：

一是差异产品、规模经济与国际贸易。传统贸易理论假设各国生产的产品都是同质的，国际市场是完全竞争市场，因为一国要么出口、要么进口某产品，同质产品的产业内贸易只在少数情况下发生。例如，某些产品的运输成本占整个产品成本的比重较大，国内产地距离邻国的消费地更近，而邻国的产地比本国的产地距离消费地更近，因此为降低运输成本，可能出现同质产品的产业内贸易；某些季节性强的商品可能在本国供给旺盛时出口，而在本国供给不足时进口；转口贸易也是同质产品的产业内贸易。

在现实世界中，大部分商品是有差异的，而不是同质的。一方面，同一产业内或同一类商品组中的差异产品由于类似而有一定的替代性，互相之间会产生竞争；另一方面，这些产品又各有自己的特征，相互间不能完全替代，从而使各种产品具有一定的垄断性，其市场属于垄断竞争市场。

传统国际贸易理论假设贸易双方的规模收益不变。然而在规模经济条件下，即使两国各方面的条件完全相同，双方也可以发生互利贸易。规模经济或称规模报酬递增，是指一国产出水平增长的比例高于要素投入增长比例的生产状况，即当企业的产量提高时，企业生产的平均成本下降。由于规模经济的存在，企业希望消费者需求的产品越单一越好，因为这样有利于实现规模经济；而由于相互间不能完全替代的差异产品的存在，消费者需求呈现多样化的特征。这样，生产的单一性要求和消费的多样性要求就必然发生矛盾，其最佳的解决方案就是国际分工和国际贸易。通过国际分工，一国只生产有限系列的同类商品，获得经营上的规模效益；同时，通过国际贸易，为消费者的多样化选择提供了可能性。

如图 2 - 3 所示，如果甲、乙两国各方面的条件完全相同，两国的生产可能性曲线和无差异曲线就完全相同。规模报酬递增使得生产可能性曲线凸向原点。在封闭经济条件下，两国都在 A 点生产和消费，国内相对价格都是 P_A。如果两国进行分工和贸易，假设甲国分工生产 X 商品，乙国生产 Y 商品（当然也可以做相反假设），甲国的生产就会从 A 点沿着其生产可能性曲线向右移动，同时 X 商品的相对价格（生产可能性曲线的倾斜）会不断下降，直至在 B 点实现完全分工，此时甲国出口 BC 单位的 X 商品，按国际市场价格 P_W 换取 CE 单位的 Y 商品，

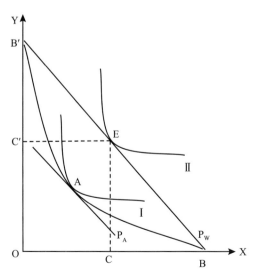

图 2 - 3　规模经济产生的贸易

在 E 点消费。同样，乙国的生产会从 A 点沿着其生产可能性曲线向左移动，同时 Y 商品的相对价格会不断下降，直至在 B′ 点实现完全分工。此时乙国出口 B′C′ 单位的 Y 商品，按国际市场价格 P_W 换取 C′E 单位的 X 商品，也在 E 点消费。这里 BC = C′E，CE = B′C′。可见，通过分工和贸易，两国都达到了更高的福利水平（由无差异曲线 I 提高到无差异曲线 II）。

二是需求相似与国际贸易。瑞典经济学家林德认为，要素禀赋理论只适用于解释发达国家与发展中国家之间的工业制成品贸易，因为前者的贸易发展主要是由供给因素决定的，而后者的贸易发展主要是由需求因素决定的。

林德指出，工业制成品生产的最终目的是满足国内需求，之后产品才会逐渐走向国际市场。由于产品最初是为满足国内需求而生产的，所以该产品会较多地出口那些需求相似的国家。这些国家之间的需求越相似，其贸易量就越大。影响需求的最主要因素是人均收入，因此，人均收入越接近的国家之间需求越相近，产品的相互适应性越强，贸易交往也就越密切；而人均收入的差异则是贸易发展的潜在障碍。由于发达国家的人均收入水平较高，它们之间的需求更加相似，因此，工业制成品贸易主要发生在收入水平较相近的发达国家之间。如图 2 - 4 所示，图中横轴表示人均收入水平（y），纵轴表示消费者所需的各种商品的品质等级（q），α 线表示最高收入者随收入的变化对商品品质等级需求的变化，β 线表示最低收入者随收入的变化对商品品质等级需求的变化。在某国某一特点的收入水平上，α 线与 β 线之间的垂线所对应的商品品质等级就是该收入水平上该国所需商品的品质等级范围。例如，甲国的人均收入水平为 $y_甲$，则甲国所需商品的品质等级范围就是 AB，同样，乙国和丙国所需商品的品质等级范围分别为 CD 和 EF。从图 2 - 4 中可以看出，乙国与丙国之间不可能发生贸易，因为丙国最高等级品质的商品在乙国连最低收入者都不愿意消费，而乙国最低等级品质的商品在丙国连最高水平消费者都消费不起。甲国和乙国之间则可能发生贸易，因为两国需求的商品品质等级范围存在重叠部分，即 AD，而且甲国和乙国的人均收入水平越接近，两国需求的商品品质等级范围重叠的部分就越大，相互间的贸易关系就可能越密切；反之，两国的人均收入水平差距越悬殊，两国需求的商品品质等级范围重叠的部分就越小，相互间的贸易密切程度就越小，甚至不发生贸易。

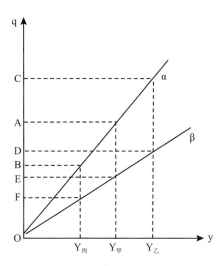

图 2 - 4　需求相似与可贸易区间

二、新新贸易理论关于贸易效率的思想

新新贸易理论是以异质性企业模型和企业内生边界模型为代表的。异质性企业模型沿用了新贸易理论垄断竞争市场结构和规模报酬递增的假设，还假设对称性国家和单一要素投入，但放松了同质企业的假设，运用一般均衡框架下的动态产业分析方法成功地将企业生产率内生到模型中，扩展了克鲁格曼的垄断竞争模型，将贸易理论研究对象扩展到企业层面，形成了新新贸易理论的基本理论框架。新新贸易理论认为，由

于异质性的存在，贸易会导致市场份额在产业内企业间的重新配置，市场份额向高生产率企业靠近，而那些最低生产率的企业将被迫退出，从而提高了行业生产率水平，而这一效应在封闭经济中是无法实现的。

异质性企业贸易理论的发端主要包括伯纳德和梅里兹为代表的两类异质性企业贸易模型。伯纳德于 2003 年提出的以寡头价格垄断竞争模型为基础的异质企业贸易模型为异质性企业静态贸易模型。该模型采用比较静态分析法，引入李嘉图技术差异、冰山出口成本等市场不完全条件，分析了企业生产率和出口之间的关系。其基本结论为国际贸易对不同生产率企业会带来不同影响。生产率最低的企业可能倒闭，生产率相对较高的企业会选择出口，行业的总生产率会由于低生产率企业倒闭和高生产率企业扩大出口而上升。梅里兹模型是采用垄断竞争分析框架，在克鲁格曼新贸易理论的基础上构建的异质性企业动态贸易模型。模型核心思想为企业在进入两个特色产业之前，对自己的生产率水平是不了解的：但当它进入两个新产业之后，企业作出的投资是不可逆的。所以在同一个行业里，会存在不同生产率水平的各种企业。与此同时，当企业准备进入国际市场时，对自己的生产率已经有了一定程度的了解，而且企业在出口商品时，会存在流通费用、运输成本以及服务费等各种进入成本，这些进入成本是企业在支付国内市场生产销售固定成本后，单独支出的出口固定成本。出口数量越多，出口的目的地越多，这种固定成本就越高。在这种情况下，只有生产率水平很高的那部分企业才会选择出口，而生产率水平次之的企业只能选择国内市场，生产率最低的企业会被迫退出行业。此时，贸易将提高在国内和国外市场上销售产品的企业生产率，同时通过资源在行业内的重新配置提高整个行业的生产率水平，进而带来福利的增长。这种生产率水平的提升，并不是因为产业内某个企业的生产率提高了，而是由于贸易结构的优化得到的。因此，该模型为贸易影响产业结构的路径提供了一种新的解释。

第三章

区域经济一体化影响贸易效率的机制分析

第一节 贸易效率的内涵界定

李玉波（2019）认为，贸易效率指的是贸易实际发生额占贸易潜力的相对大小，用实际贸易量与贸易潜力的比值来表明预期贸易量与实际贸易量之间的差距。罗能生（2006）认为，影响贸易效率的核心因素是交易费用，因此所有贸易都是专业化经济与节约交易费用之间两难的结果。产业分工形成专业化，贸易可解决消费多样化与生产专业化之间的矛盾，但贸易又会产生交易费用。艾格纳、洛弗尔和施密特（Aigner, Lovell and Schmidt, 1977）认为，贸易效率衡量的是实际贸易额占贸易潜力量的大小，即所能达到的最佳贸易水平与当前贸易水平之间的差距。贸易效率值的范围在 0 到 1 之间，当贸易值越接近 1，代表当前实际贸易值越靠近贸易最大化水平；当贸易值越接近 0，则表示受到贸易非效率影响，当前贸易额未能实现最大化，贸易潜力越大。陈迎（2018）认为，贸易效率可以用交易效率来代替，交易效率是指交易主体在开展交易时的投入产出关系，对于交易效率的这一概念是从交易费用的定义中延伸出来的，即交易效率是从回报率的视角考察交易关系。

综合以上学者对于贸易效率的概念界定，本书认为，贸易效率主要衡量的是在特定的时间范围内贸易主体之间进行贸易活动的效率高低或速度快慢。贸易效率与贸易潜力、交易费用和交易效率之间有着密不可分的关系。贸易效率是贸易实际发生额占贸易潜力的大小，交易费用的大小决定了贸易效率的高低。具体来说效率与一国的国内生产总值、人口规模、国与国间的地理距离、关税等直接相关，同时与各国的文化、历史等因素也有着密切的关系。

第二节　贸易效率影响机制的几个基本假设

伙伴国贸易的效率受到诸多因素的影响，各种因素本身的特征及因素间的内在逻辑关系均会对贸易效率产生影响，因此需要从要素特征及其关系的视角全面考察其对伙伴贸易效率的影响机制。

假设一：贸易量可以直观反映贸易效率的高低。一般情况下，贸易量的高低代表着贸易国从贸易中所获得的收益与所付出的成本，因此可以从贸易收益与贸易成本视角来考察贸易效率。进一步地来理解，贸易效率需要考察贸易国从国外购买商品与出口商品过程中收益变化情况。进口效率考察进口商品与本国生产该商品或从其他国家进口该商品所节约的费用；出口效率考察出口商品所获得的净收益的情况。进口节约的生产或购买成本与出口获得的收益之和可以显示一个国家贸易的总效率。贸易量越大，成本节约得越多，收益获得的越多。贸易效率需要从进口效率、出口效率和总效率三个方面来考察。

假设二：伙伴国贸易效率需要从全体伙伴的贸易效率来考察，多个贸易伙伴的体系中，只有所有伙伴均从贸易中获得收益，才表明这一伙伴贸易是有效率的。所有伙伴获益越多，贸易效率越高；所有伙伴的获益与其贸易能力匹配度越高，交易效率越高。贸易伙伴体系中必然存在着较高的互补性，但同时贸易伙伴间也存在着发展程度的差异性，这两者均会促进伙伴关系的达成，从而实现比较优势下的伙伴贸易最优化。此外，各个伙伴国的贸易效率会因各国和国际形势的变化而处于不断变化之中，可以称之为贸易效率弹性区间，正因为贸易效率弹性区间的存在，各国才会有更加积极地投入到伙伴体系之中的动力，才会进一步提升贸易伙伴体系的运行效率。因此，加强伙伴国间的合作，通过提升低贸易能力伙伴的贸易能力来缩小伙伴间贸易效率的差异会不断提升整体贸易效率。

假设三：贸易效率受诸多因素的影响，主要因素包括国内生产总值、人口规模、地理距离、贸易协议与关税、要素禀赋等。各个因素自身的独特性及其相互关系一同影响贸易效率。可以通过考察贸易成本的方式来分析贸易效率的情况。国内生产总值决定着贸易国的购买力，人口规模体现着贸易国对商品的需求能力及供给能力，地理距离直接影响着贸易中的运输成本，贸易协议与关税会直接对贸易发生的可能产生影响，要素禀赋则主要以其稀缺性体现着可贸易的资源保障度。各个影响因素间存在着相互制约的关系，关系的协调则会提升贸易效率，不协调会降低贸易效率，会出现某种因素的无谓损失。一般情况下，要素禀赋和人口规模是基础因素，且人口规模与要素禀赋存在着匹配关系。国内生产总值是基于人口与要素的，贸易协议与关税是与贸易国对商品的需求程度高度相关的，是建立在贸易国购买力上的。地理距离会以成本的形式进一步影响到贸易国的购买力。进一步地，贸易过程中，在某一个发展阶段，贸易效率会受某一种因素或几种因素的影响，且这种因素在国与国之间存在着差异。

假设四：对于各个贸易国而言，其同伙伴国进行贸易的效率就其自身而言，主要体现在其不同的发展阶段所具备的贸易能力与贸易收益的匹配度上。不同的国家会经历不同的发展阶段，在不同的发展阶段，各国的要素禀赋、国内生产总值、人口规模等因素会共同决定了该国的贸易能力，这种能力一般会表现为一国的贸易指数，各国间的这种贸易能力存在着明显的差异，各国能否以贸易中完全释放其贸易能力，获得与其能力相匹配的贸易收益是判断某个特定历史时期一国贸易效率的重要标准。贸易能力与贸易收益的匹配度低，则贸易效率低；匹配度高，则贸易效率高。这一评价标准可以更好地展示一个国家贸易能力的提升进程，也可以为一国制定相关的贸易战略与政策提供更为可靠的依据。这同时也表明，各国贸易效率即存在横向的与他国进行比较的贸易效率，也存在着与本国自身发展相比的纵向的贸易效率。

总之，不同假设约束下的贸易效率各不相同，同一贸易效率可以是不同的贸易效率影响因素形成的。因此，考察贸易效率，需要充分考察影响贸易效率的各种因素及其相互关系，同时还要结合贸易国自身的发展阶段下的贸易能力，这样才能找到符合本国进行国际贸易的可行之路。要充分认识到：贸易效率是不断发展变化，贸易效率低的国家可以通过找到适合自身的贸易模式与路径，可以较快地提高本国贸易效率。

第三节　贸易成本、 贸易收益与贸易效率

国际贸易一般均会在比较优势下进行，这意味着贸易国进行贸易是基于贸易成本与收益的，贸易成本低于贸易收益是贸易发生的基本前提。国与国之间的贸易效率需要从进口效率、出口效率与总效率三个方面来综合考量。具体如图 3 - 1 所示。图 3 - 1 中 C 为贸易成本，I 为贸易收益，PC 为商品的生产成本，NC 为协议成本。

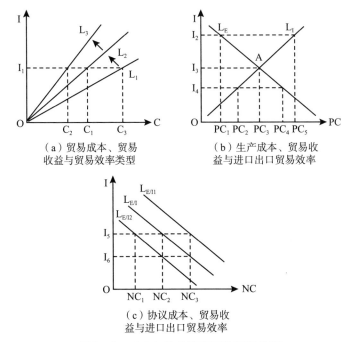

（a）贸易成本、贸易
收益与贸易效率类型

（b）生产成本、贸易收
益与进口出口贸易效率

（c）协议成本、贸易收
益与进口出口贸易效率

图 3-1　成本与收益约束下的贸易效率

图 3-1（a）中，L 为贸易成本与收益匹配约束下的贸易曲线。L 曲线表明随着贸易收益的增长，贸易成本也会随之而增长。原因是假设商品的生产技术、运输成本等不变的情况下，贸易量增加带来贸易收益的同时，贸易成本也会同步增长。但由于贸易活动中交易种类繁多，因此总体上贸易成本与贸易收益会随时发生变化。L_2 线是贸易成本与贸易收益相同的贸易效率曲线，即 $I_1 = C_1$，这条线是成本收益均衡的贸易效率曲线，L_1 线是贸易成本大于贸易效率收益的曲线，即 $I_1 < C_2$，这条线为成本主导型贸易效率曲线。L_3 线是贸易成本小于贸易收益的曲线，即 $I_1 > C_3$，这条线为收益主导型贸易效率曲线。因此，从成本收益的变化来看，从 L_1 线到 L_3 线，贸易效率逐渐提高，即贸易成本小，而贸易收益大。因此，贸易曲线存在着由 L_1 线向 L_3 线发展的趋势，即由低效率型贸易向高效率型贸易发展。

进一步来考察，图 3 - 1（b）中显示当进口与出品的商品生产成本发生变化，而商品的价格却未同步发生变化时贸易效率的变化情况。PC 为商品的生产成本，L_I 为生产成本约束下的进口贸易效率曲线，L_E 为生产成本约束下的出口贸易效率曲线。图 3 - 1（b）中假设为一个国家的出口与进口贸易效率的变化情况，这个国家面临的情况是：本国的出口产品生产成本与本国的进口产品的生产成本均发生变化，但这两类产品在贸易中的价格未发生变化。L_I 曲线表明随着进口产品的生产成本下降，在其贸易价格未发生变化的情况下，进口国的贸易收益是下降的，即进口国并未用更低的价格获得生产成本下降的产品，未分享到进口产品生产成本下降而带来的收益。图中进口商品生产成本由 PC_5 下降到 PC_2 时，进口国的贸易收益同步由 I_2 下降到 I_4。L_2 曲线表明随着本国出口产品的生产成本下降，在其贸易价格未发生变化的情况下，本国的贸易收益是上升的，即本国获得了贸易价格未变下所有下降的生产成本带来的收益。图中 L_E 线上，本国出口产品的生产成本从 PC_4 下降到 PC_1，本国的贸易收益从 I_4 增加到 I_2。图 3 - 1（b）中，L_I 线和 L_E 线的交点 A，此点为生产成本约束下的一国贸易效率的均衡点，这一点上进口贸易产生的收益减少与出口贸易带来的收益增加相同。A 点以上部分的进口贸易与出口贸易效率均较高，因为贸易收益较多；A 点以下部分的进口贸易与出口贸易效率均较低，因为贸易收益较少。更深一层来考察，A 点以上部分，获得同样的收益，本国出口的生产成本低于进口商品的生产成本，如 I_1 时，L_E 线对应的成本为 PC_1，而 L_I 线对应的生产成本则为 PC_5，PC_1 远低于 PC_5，这表明本国出口的产品生产成本下降幅度大，而本国进口产品的生产成本下降幅度小。这意味着 A 点以上部分本国的贸易效率更高。而 A 点以下部分，本国的贸易总效率较低。如 I_4 时，L_I 线对应的进口商品的生产成本为 PC_2，L_E 线对应的出口商品的生产成本为 PC_4，PC_4 大于 PC_2，这表明本国出品商品生产成本下降幅度小，而进口商品的生产成本下降幅度大，本国的贸易收益会下降,贸易总效率较低。出现这两种情况的原因可能是不同国家技术创新与制度创新的水平存在着差异,使得商品的生产成本产生了较大的不同。而这种因技术与制度创新所产生的成本的下降是一国在国际贸易中获得更多收益,保持高效率国际贸易的根本动力。一国的技术创新与制度创新能力越强,国际贸易效率就会越高。

图 3-1(c)中说明了贸易伙伴国间签订贸易协议的成本与贸易效率的关系。NC 为协议成本,$L_{E/I}$ 为进出口贸易效率曲线,$L_{E/I}$ 线表明随着协议成本的提高,贸易效率会下降,如当协议成本由 NC_2 上升至 NC_3 时,贸易效率由 I_5 下降至 I_6。进一步,LE/I 线会因为商品的稀缺性而内移或外移。假设图 3-1(a)为一国的进出口贸易效率,从出口贸易效率来看,当一国出口产品稀缺性增强时,意味着一国与其他国家签订贸易协议的成本会降低,L_E 线会内移到 L_{E2},此时若想获得 I_5 的收益只需要 NC_1 的成本,而不是 LE 线上的 NC_2,成本下降了($NC_2 - NC_1$)部分,也意味着收益增加了($NC_2 - NC_1$)部分。当一国出口的商品稀缺性减弱时,意味着一国与其他国家签订贸易协议的成本会提高,即 L_E 线会外移至 L_{E1},此时若想获得 I_5 的收益需要的协议成本为 NC_3,成本增加了($NC_3 - NC_2$),这也表明贸易收益会下降($NC_3 - NC_2$)部分。从进口贸易效率来看,当一国进口的商品稀缺性增强时,一国的协议成本会增加,L_I 线会向外移到 L_{I1},此时进口想要获得 I_5 的收益(进口收益会体现为进口贸易成本的下降),协议成本会由 NC_2 增到 NC_3,进口贸易效率下降。当一国进口的商品稀缺性减弱时,一国的协议成本会下降,L_I 线会向内移到 L_{I2},此时进口想要获得 I_5 的收益,协议成本会由 NC_2 下降至 NC_1,进口贸易效率提高。

由此可知,当一国的进出口贸易效率曲线发生不同情况的移动时,一国的贸易效率会产生诸多变化。L_E 和 L_I 同向移动时,有两种情况:一是当 L_E 和 L_I 同时向外移动时,表明本国的商品稀缺性减弱,进口商品稀缺性增强,本国进出口贸易效率均下降;当 L_E 和 L_I 同时向内移动时，表明本国商品稀缺性增强，进口商品稀缺性减弱，本国的进出口效率均提高。当 L_E 和 L_I 反向移动时，也存在两种情况：一是 L_E 内移，L_I 外移，表明本国出口商品稀缺性增强，进口商品稀缺性也增强，此时需要看出口减少的协议成本与进口增加的协议成本之差的正负情况，为正则贸易效率高，为负则贸易效率低。二是 L_E 外移，L_I 内移，表明本国出口商品稀缺性减弱，进口商品稀缺性也减弱，此时也需要看出口增加的协议成本与进口减少的协议成本之和的正负情况，为正则贸易效率低，为负则贸易效率高。

第四节　影响因素协调与贸易效率

伙伴国的贸易效率受到诸多因素的综合影响，主要包括要素禀赋、国内生产总值、地理距离、人口规模、关税等因素。每种影响因素均具有自身的基本规律，各个因素间亦存在着相互制约的关系。因此考察贸易效率需要从影响因素自身特征与相互关系两个方面来考虑，符合影响因素自身规律及相互制约关系的贸易效率高，否则贸易效率会受损。具体如图 3 - 2 所示。

图 3 - 2 显示了国际贸易各个影响因素间的协调下的贸易效率变化情况。图中 F 为各个影响因素，P 为人口规模，T 为关税，R 为资源禀赋，G 国内生产总值，D 为地理距离，I 为贸易收益，L 为贸易效率曲线。L_D 为地理距离下的贸易效率曲线，L_T 为关税下的贸易效率曲线，L_R 为资源禀赋下的贸易效率曲线，L_G 为国内生产总值下的贸易效率曲线，L_P 为人口规模下的贸易效率曲线。图 3 - 2 中的贸易效率指的是一国与其他国家进行贸易时的贸易效率变化情况。

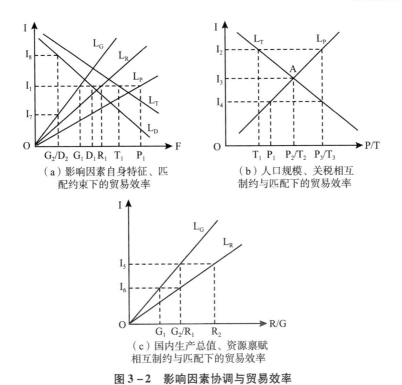

（a）影响因素自身特征、匹配约束下的贸易效率

（b）人口规模、关税相互制约与匹配下的贸易效率

（c）国内生产总值、资源禀赋相互制约与匹配下的贸易效率

图 3-2　影响因素协调与贸易效率

图 3-2（a）中说明了国际贸易各影响因素自身特征及相互间匹配下的贸易效率变化情况。L_T 线和 L_D 线表明随着税率的提高、地理距离的增加贸易收益会下降；L_G 线、L_P 线和 L_R 线表明随着国内生产总值的增加、人口规模的扩大和资源禀赋增长贸易收益会同步增长。这意味着税率的提高、地理距离的增加会降低贸易效率，国内生产总值、人口规模和资源禀赋的增长会提高贸易效率。这主要是因为税率增加会抑制直接增加进出口的成本，地理距离会增加运输成本，国内生产总值会提高购买力，人口规模扩大会增加有效需求，资源禀赋则会提供更多的出口可能。进一步地，各种影响因素在国际贸易中需要协调与匹配，否则会影响贸易收益，产生无谓损失，甚至影响贸易效率。如图 3-2（a）中贸易收益为 I_1 时，需要有 G_1 的国内生产总值、R_1 的资源禀赋、T_1 的

税率、D_1 的地理距离和 P_1 的人口规模才能实现，如果上述五者不匹配，贸易效率就会下降或某种要素无谓损失。假如此时 G 由 G_1 下降为 G_2，由于国内生产总会对其他要素有较强的影响，因此会使得贸易收益下降较多。其原因是相对于此时的 T_1、D_1、R_1 和 P_1，G 存在不足。假如此时 D 由 D_1 下降为 D_2，贸易收益就会增长，但由于现代运输业的发展使得运输成本不会因地理距离增长而大幅度增加，因此贸易收益增长也会较小。此外，每个不同的国家在进行国际贸易时，很难做到各个影响因素的完全匹配，或多或少地都存在着要素的损失或不足。甚至存在着过度依赖某一因素的极端情况，这种依赖单一要素进行国际贸易的方式贸易效率较低，容易受外部因素的影响出现大幅度的波动。

图 3 - 2（b）是人口规模与关税两个因素相互匹配影响贸易效率的情况。图中显示随着人口规模的增加，贸易收益会增长；随着关税的增加，贸易收益会下降。两者关系中，人口规模从根本上影响着关税的高低，包括出口关税与进口关税。人口规模的扩大会促使供给能力与需求能力增强，自身供给能力的提升为降低本国的出口关税提供了可能；自身需求能力增强也因为贸易伙伴国可通过规模效应实现其贸易收益而使伙伴国降低出口关税，因此人口规模的扩大会使出口关税和进口关税"双降"。因此对于贸易伙伴国而言，随着人口规模的扩大，贸易各方关税降低会增加贸易收益，提高贸易效率；反之，则会降低贸易收益，降低贸易效率。

图 3 - 2（b）中，L_P 曲线和 L_T 曲线相交于 A 点。A 点处人口规模扩大所带来的贸易收益的增长与关税增长带来的贸易收益的下降一致，在其他影响因素不变的情况下，人口规模与关税两者制约下的贸易达到效率均衡。整体上来看，随着人口规模的扩大，需要较低的关税水平与之匹配，如 I_2 贸易收益下，P_3 的人口规模需要 T_1 的关税与之匹配。两者的匹配会保持较多的贸易收益，较高的贸易效率。如果关税与人口的增长不匹配，则会降低贸易效率。如 P_3 人口规模时，与之匹配的关税

不是 T_1，而是 T_3，从出口来看，伙伴国关税的增长会致使出口国的出口量下降，供给能力得不到释放，贸易收益减少；从进口来看，本国关税的增长会抑制产品的进口，本国旺盛的需求得不到满足，贸易收益也会下降。一般地，进口与出口关税会同步增减。图中当关税增至 T_3 时，贸易收效会由 I_2 下降至 I_4。此时，伙伴贸易量减少，甚至会陷入停滞，因此在当前分工越来越细，市场的相互依赖性越来越强的背景下，提高关税对伙伴各国而言都会带来损失和贸易效率的下降。进一步地，如果与人口规模相匹配的关税低于最低要求，则关税的下降会加快贸易国间的贸易速度，提高贸易效率。如当 P_1 人口规模时，与之匹配的不是 T_3 关税，而是下降为 T_2，则此时贸易收益不是 I_4，在该国可以提供足够的出口产品的假设下，其贸易收益会提高至 I_2。总之，如果各伙伴国家人口规模大，则需要低关税保持较高的贸易效率；如果各伙伴国家人口规模小，则可以通过低关税加快贸易发展的进程，提高贸易效率，如果各伙伴国人口规模有大有小，则可同时选择低关税来保持较高的贸易效率，且更有利于小国的发展。

图 3-2（c）是国内生产总值、资源禀赋两个影响贸易效率的因素相互关系制约下的贸易效率。图中 L_G 和 L_R 线表明：随着资源禀赋与国内生产总值的增长，贸易收益不断增长，贸易效率得以提升；L_C 线在 L_R 线左侧意味着国内生产总值需要以资源禀赋为基础，某一贸易收益下，相应的国内生产总值需要有更多的资源禀赋与之匹配。如要想得到 I_5 的贸易收益，需要 G_2 与 R_2 的匹配，$R_2 > G_2$。国内生产总值与资源禀赋两者如果出现错配，则会影响贸易效率。由于资源禀赋对国内生产总值有制约作用，而国内生产总值对资源禀赋的制约作用不强，因此当资源禀赋减少时，国内生产总值会下降，贸易收益减少，资源禀赋增加会增加国内生产总值，进而增加贸易收益；国内生产总值增加或减少不会同步增加或减少资源禀赋，贸易收益只受国内生产总值变化的影响。图中如果相匹配的 G_2 与 R_2 时，R_2 减少至 R_1，此时会使得国内生产总值

由 G_2 下降至 G_1，贸易收益会由 I_5 下降为 I_6，贸易效率下降。但当 G_1 与 R_1 匹配时，如果 G_1 增至 G_2，此时的 R_1 不会同步增至 R_2，贸易效率缺乏资源禀赋的支撑，只受国内生产总值影响。

总之，图 3-2 全面显示了伙伴国贸易效率影响因素对伙伴国贸易效率的影响，结果显示：影响因素的匹配度对贸易效率有着影响，且不同的要素影响程度不同；影响要素间的制约关系对贸易效率的影响不同。

第五节　贸易能力与贸易效率

一个国家对外贸易的效率与其自身的贸易能力密切相关。一个国家的贸易能力是一个国家与贸易相关的各种因素的综合体现，特别是与一个国家经济发展水平直接相关。除了国家与国家之间贸易能力的差异外，一个国家不同的发展阶段其贸易能力也存在着差异。进一步地，一个国家能否将其基于经济发展阶段的潜在贸易要素转化为贸易能力，与其贸易收益多少更为密切。潜在的贸易要素转化为贸易能力与贸易策略水平相关，高水平的贸易策略与经济发展阶段相关度高；反之，相关度低。各国之间进行贸易时，各国释放出来的贸易能力是否匹配也会对贸易收益产生影响。这意味着贸易效率与一个国家的治理能力密切相关。贸易能力影响贸易效率的机制如图 3-3 所示。

图 3-3 显示了伙伴国贸易能力与贸易效率的内在联系。图中 A 为贸易能力，I 为贸易收益，C 为贸易策略，F 经济发展水平，L 为贸易效率曲线。

图 3-3（a）是伙伴国贸易能力约束下不同的贸易效率类型。L_A 为贸易能力约束下的贸易效率曲线，此线上贸易能力与贸易收益均衡匹配，为均衡匹配曲线，此时贸易国的贸易要素转化正好能够满足本国贸易需求，

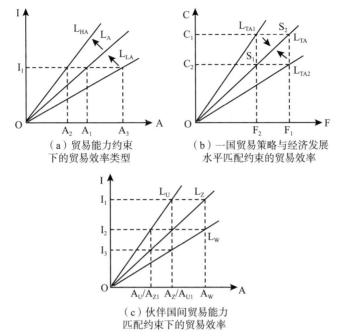

图 3 - 3　贸易能力与贸易效率

如 I_1 与 A_1 的匹配。L_{HA} 为贸易国的潜在贸易要素得到更大程度的转化，超过了本国贸易需求，贸易能力得到提升，因此 L_{HA} 为高贸易能力主导的贸易效率曲线，如此线上 I_1 贸易收益的获得只需要 A_2 的贸易能力，低于 L_A 线上的 A_1，因此 L_{HA} 线上的贸易效率高于平均水平。L_{LA} 为贸易国的潜在贸易要素向贸易能力的转化低于平均水平，未能满足本国的贸易需求，存在着贸易要素的无谓损失，主要原因可能是本国技术及制度创新的不足，因此 L_{LA} 为低贸易能力主导的贸易效率曲线，如此线上 I_1 贸易收益的获得需要 A_3 的贸易能力，高于 L_A 线上的 A_1，远高于 L_{HA} 线上的 A_2，低于平均贸易能力。由此可以推知：如果贸易伙伴国均在 L_{HA} 线上进行贸易，整体上贸易效率保持高位运行；若贸易伙伴国没在 L_{LA} 线上进行贸易，整体上贸易效率保持低位运行；若有的伙伴国在 L_{HA} 线上贸易，有的伙伴国在 L_{LA} 线上贸易，则在 L_{LA} 线上进行贸易的国家贸

易效率低于在 L_{HA} 线上进行贸易的国家，且整体的贸易效率会下降。因此伙伴贸易体系内的贸易活动会由 L_{LA} 向 L_{HA} 发展，不断加强技术创新与制度创新，从而更快更多地转化潜在贸易要素。

图 3-3（b）表明了不同的贸易国家的经济发展水平与其贸易策略选择约束下的贸易效率的情况。图中 L_{TA} 为贸易能力约束下的贸易效率曲线。它表明随着一国经济发展水平的提升，其贸易策略的选择水平也应该不断提升，反之亦然，进而一国的贸易能力会得以提升，贸易效率会提高。L_{TA} 线是一国贸易策略水平与经济发展水平完全匹配的曲线，这条线上不存在策略选择或经济发展的无谓损失。如 C_1 与 F_1、C_2 与 F_2 的匹配，当贸易策略水平由 C_1 提高至 C_2，经济发展水平由 F_1 提高到 F_2，此时贸易效率会由 S_1 提高到 S_2。L_{TA1} 线与 L_{TA2} 线均表明贸易国的贸易策略水平与经济发展水平不匹配，导致贸易策略或经济发展的无谓损失。L_{TA1} 是贸易策略与经济发展水平不匹配，贸易策略选择高于经济发展水平，贸易策略存在损失，贸易效率达不到其策略所预期的水平。如 L_{TA1} 线上，C_1 贸易策略水平对应的是 F_1 的经济发展水平，而 F_1 的经济发展水平实际只需要 C_2 的策略水平，因此（F_2-F_1）的经济发展不足，（C_1-C_2）的策略水平形成损失，贸易效率水平为 S_1，不会发展到 S_2。如 L_{TA2} 线上，C_2 贸易策略水平对应的 F_2 的经济发展水平，而 F_2 的经济发展水平实际需要 C_1 的贸易策略水平，因此存在着（C_1-C_2）的贸易策略的不足，（F_2-F_1）的经济发展形成无谓损失，贸易效率也不会由 S_1 提高至 S_2。总之，一个国家的贸易效率从其自身来看，需要保持经济发展水平与贸易策略的一致性，两者的不协调会导致贸易效率下降。因此，各贸易伙伴均会努力提升经济发展水平与贸易策略水平的匹配度，即图 3-3（b）中，L_{TA1} 线和 L_{TA2} 线均有向着 L_{TA} 线靠拢的发展趋势。

图 3-3（c）进一步明晰了各个贸易伙伴国贸易能力匹配共同提高自身与整个贸易体系效率的情况。图中假设有三个贸易伙伴 U、Z、W，

三者共同在一个贸易框架下进行贸易，三国的贸易能力存在差异。L_U 为 U 国的贸易效率曲线，L_Z 为 Z 国的贸易效率曲线，L_W 为 W 国的贸易效率曲线，假设三条贸易曲线存在着如图 3 – 3（c）中的情形，随着各个国家贸易能力的变化，曲线的位置会发生相应的变化。图中显示：伙伴国的贸易收益需要各个国家不同的贸易能力与其相匹配。如想获得 I_2 的贸易收益，需要 U 国 A_U、Z 国 A_Z、W 国 A_W 的贸易能力相匹配，如果三国的贸易能力不匹配，就会导致贸易能力损失或贸易收益下降，进而影响贸易效率。假如 I_2 的贸易收益下，Z 国的贸易能力不是 A_Z，而是 A_{Z1}，此时 Z 国的贸易能力与其他两国不匹配，贸易能力存在着（$A_Z - A_{Z1}$）的不足，正因如此，U 国和 W 国的贸易能力会产生无谓损失，整体上贸易收益会由 I_2 下降到 I_3，贸易效率下降。假如 I_2 的贸易收益下，U 国的贸易能力不是 A_U，而是 A_{U1}，上升（$A_{U1} - A_U$）部分，其他两国不变，此时贸易收益不会因 U 国的贸易能力的增加而提高，原因是其他两国并未同步匹配贸易能力，U 国增加的（$A_{U1} - A_U$）贸易能力产生无谓损失，U 国自身的贸易效率下降。可见，贸易体系中，各个伙伴国进行贸易时贸易能力需要匹配，否则就会导致贸易效率下降，包括整体效率下降或某国的效率下降。

综上所述，贸易效率问题可以从成本与收益的角度进行考察，可以考察贸易伙伴国的总体贸易效率及各自的贸易效率。影响贸易效率的要素禀赋、人口规模、地理距离、国内生产总值、关税等的自身的独特性与相互关系使得其影响贸易效率的机制存在着差异。进一步地，基于贸易要素体现为贸易策略的贸易能力能否与一国的经济发展水平相适应也会影响到贸易效率。因此，要提高贸易效率需要充分利用国家的贸易要素，准确把握各国的经济发展水平，选择最优的贸易策略，不断加强贸易伙伴国的合作。必须坚持走合作共赢的贸易之路，共同提升贸易整体贸易效率，也同步提升自身的贸易效率。

第四章

中国与 RCEP 伙伴国贸易发展
历程、特点与问题分析

　　随着 2008 年全球金融危机的负面影响逐渐消退，世界经济发展步入后危机时代。在此背景下，区域经济一体化发展出现了新趋势，即不再局限于洲际地理位置限制的广域一体化发展。目前，RCEP 就是典型的广域一体化组织。RCEP 区域全面经济伙伴关系由东盟十国发起，并邀请中国、日本、韩国、澳大利亚、新西兰及印度共同参加（印度在 2019 年 11 月 4 日，宣布不加入东盟 RCEP 协定，目前是 "10＋5" 模式），试图通过削减关税及非关税壁垒，以构建 16 国统一市场的自由贸易协定。当前，RCEP 共经历了 28 轮谈判和 18 次部长级会议，历时 7 年，在货物贸易、服务贸易、投资、技术及经济技术合作、知识产权、电子商务及争端解决等领域取得较大进展。RCEP 是目前东亚规模最大，参与国家数量最多和影响最为深远的自贸区协定。RCEP 的签订，将加速全球经济重心由西方倾向亚洲，对推动地区和平稳定发展及全球经济复苏发展具有重要意义。

第一节　中国与 RCEP 伙伴国贸易发展历程

一、RCEP 发展进程

RCEP 概念最早是在 2011 年由东盟首次提出，其目的是应对全球经济危机，是适应经济全球化发展浪潮及实现区域经济一体化发展的产物。2011 年 2 月 26 日，第十八次东盟经济部长会议讨论了如何与其他经济伙伴国达成综合性自由贸易协议。其讨论结果是建立 RCEP 区域经济合作伙伴草案，并于 2011 年东盟峰会上由东盟十国领导人批准。2012 年 8 月东盟十国与中国、日本、韩国、印度、澳大利亚和新西兰的部长会议上同意组建 RCEP。此后，RCEP 共经历了 28 轮谈判，具体谈判进程和成果如表 4－1 所示。

表 4－1　　　　　　　　　　RCEP 推进阶段及主要内容

轮次	时间	举办地	谈判进程和成果
第 1 轮	2013.5	文莱	本轮谈判正式成立货物贸易、服务贸易和投资三个工作组。针对货物、服务和投资等议题进行磋商。成员国对三个工作组的工作规划、职责范围和未来的挑战交换意见
第 2 轮	2013.9	布里斯班	在货物贸易方面，就关税和贸易数据交换、原产地规则、海关程序等问题进行交流，成立原产地规则分组和海关与贸易便利化分组；服务贸易方面，就部分各国感兴趣服务部门开放问题进行初步交换意见。投资组重点讨论章节要素问题
第 3 轮	2014.1	吉隆坡	在第三轮谈判中，为进一步推动在广泛领域取得进展，各方决定成立知识产权、竞争政策、经济技术合作和争端解决等四个工作组

轮次	时间	举办地	谈判进程和成果
第 4 轮	2014.3	南宁	市场准入自由化模式谈判进入实质性阶段，谈判重点集中在关税和知识产权。各方在关税减让模式、原产地规则、海关程序与贸易便利化和建立规则机制等方面达成初步共识。在货物、服务、投资及协议框架等广泛问题上取得积极进展
第 5 轮	2014.6	新加坡	加速 2015 年底建成 RCEP 自贸区目标。重点议题包括：货物贸易、服务贸易、投资、经济技术合作、知识产权、竞争和法律规则及机制。取消 10000 个海关税目中 65% 的商品关税，并在协定完成后 15 年内继续取消 15% 的商品关税
第 6 轮	2014.11	东京	本轮谈判关注重点包括统一的优惠关税安排、RCEP 可能采用的 IPR 等标准
第 7 轮	2015.2	曼谷	召开货物贸易、服务贸易、投资、经济技术合作、知识产权、竞争及法规和制度工作小组会议、电子商务专家会议等，并讨论谈判方式和领域
第 8 轮	2015.6	京都	原产地工作组就原产地规则及操作程序合并文本进行了逐条讨论，并对产生特定原产地规则的第 1~24 章产品进行沟通
第 9 轮	2015.8	内比都	结束货物、服务和投资的市场准入模式谈判。在货物、服务和投资三个领域取得实质性进展
第 10 轮	2015.10	釜山	本轮谈判，各方按照 8 月部长会议达成的共识，就货物贸易、服务贸易、投资等核心领域展开实质性磋商，并举行了竞争政策、知识产权、经济技术合作、电子商务、法律与机制问题等工作组会议。此外，协定案文谈判也在稳步推进
第 11 轮	2016.2	斯里巴加湾	由货物贸易、服务贸易、投资、原产地规则 4 个分组会议共同组成。会议重点推进货物、服务、投资三大核心领域市场准入谈判和文本磋商
第 12 轮	2016.4	帕斯	各方就货物、服务、投资、知识产权、经济技术合作、竞争、电子商务、法律条款等领域进行深入磋商
第 13 轮	2016.6	奥克兰	各方就货物、服务、投资、知识产权、经济技术合作、竞争、电子商务、法律条款等领域进行深入磋商
第 14 轮	2016.8	胡志明	各方就货物、服务、投资三大核心领域市场准入问题展开深入讨论，并继续推进知识产权、经济技术合作、竞争、电子商务、法律条款等领域案文磋商

轮次	时间	举办地	谈判进程和成果
第 15 轮	2016.10	天津	各方就货物、服务、投资三大核心领域市场准入问题展开深入讨论，并继续推进知识产权、经济技术合作、竞争、电子商务、法律条款等领域案文磋商
第 16 轮	2016.12	唐格朗	与会各方在本轮成功结束中小企业章节谈判，这是继结束经济技术合作章节谈判后又一积极进展，有利于促进 RCEP 成员间中小企业的信息共享与合作，推动中小企业更好受益于 RCEP 谈判成果
第 17 轮	2017.2	神户	平行举行了货物、服务、投资、知识产权、电子商务、法律与机制问题工作组会议。各方加紧推进货物、服务、投资三大核心领域市场准入问题和各领域案文磋商，推动谈判进入更加实质性阶段
第 18 轮	2017.5	马尼拉	各方继续深入推动货物、服务和投资市场准入谈判，并加速知识产权、电子商务、法律机制等领域的规则案文磋商
第 19 轮	2017.7	海得拉巴	各方继续就货物、服务、投资和规则领域展开深入磋商
第 20 轮	2017.10	仁川	按照 9 月部长会议通过的关键要素文件，继续推动货物、服务、投资和规则领域展开深入磋商，讨论并形成了拟向领导人提交的联合评估报告草案
第 21 轮	2018.2	印度尼西亚	各方继续深入推动货物、服务和投资市场准入谈判，并加速知识产权、电子商务、法律机制等领域的规则案文磋商
第 22 轮	2018.5	新加坡	各方按照 2017 年 11 月首次 RCEP 领导人会议和 2018 年 3 月 3 日部长会议指示，继续就货物、服务、投资和规则领域议题展开深入磋商
第 23 轮	2018.7	曼谷	会议就货物、服务、投资、原产地规则、海关程序与贸易便利化、卫生与植物卫生措施、技术法规与合格评定程序、贸易救济、金融、电信、知识产权、电子商务、法律机制、政府采购等领域全面磋商。完成了海关程序与贸易便利化、政府采购章节
第 24 轮	2018.10	奥克兰	谈判代表为所有新西兰人争取最佳结果，希望通过达成协议，支持整个新西兰社会的就业、并确保新方的重大关切处于安全状态

轮次	时间	举办地	谈判进程和成果
第 25 轮	2019.3	暹粒	重申第 2 次 RCEP 领导人会议关于推动谈判在 2019 年结束的共识。会议欢迎贸易谈判委员会在市场准入和案文谈判中取得的积极进展,同时认识到,如要取得更多进展,各方需进一步努力。为此,会议讨论通过了 2019 年工作计划
第 26 轮	2019.7	墨尔本	各方在召开贸易谈判委员会(TNC)全体会议的同时,并行举行了货物贸易、服务贸易、投资、原产地规则、贸易救济、金融、电信、知识产权、电子商务、法律与机制等相关工作组会议。各方重申了 2018 年第 2 次 RCEP 领导人会议关于决心年内结束谈判的共识,并按照 2019 年 3 月部长级会议通过的工作计划,积极推动谈判进程,取得积极进展
第 27 轮	2019.8	郑州	各方重申了 2018 年第二次 RCEP 领导人会议关于年内结束谈判的目标,并按照 2019 年工作计划推动谈判进程,在各领域都取得积极进展。本轮谈判为 8 月 2~3 日在北京召开的 RCEP 部长级会议做了充分准备,推动各方在部长级会议上取得更多实质性成果
第 28 轮	2019.11	岘港市	15 个 RCEP 成员国已经结束全部 20 个章节的文本谈判以及实质上所有的市场准入问题的谈判,将启动法律文本审核工作,以便在 2020 年签署协定

资料来源:根据商务部官网相关资料整理。

　　2019 年 11 月 4 日,在曼谷召开的第三次 RCEP 领导人会议宣布,历时 7 年的《区域全面经济伙伴关系协定》(RCEP)谈判已经整体结束,标志着拥有着世界人口最多、成员国组成最多元化及发展潜力最大的自贸区建设取得了重大成果。《区域全面经济伙伴关系协定》(RCEP)第三次领导人会议联合声明指出,15 个 RCEP 成员国已经结束全部 20 个章节的文本谈判以及实质上所有的市场准入问题的谈判,将启动法律文本审核工作,以便在 2020 年签署协定。同时,该协议也表明印度问题尚未解决,所有 RCEP 成员国将共同努力,以彼此满意的方式解决这些未解决问题,并表明 RCEP 大门始终对印度开放。《区域全面经济伙伴关系协定》签署之后，可在联盟内形成一个统一的自由自贸区，有利于各成员国根据自身比较优势构建最优的供应链和价值链，对各国技术流动、商品流动、资本流动、服务流动及人员流动均有好处，有助于联盟区域内形成"贸易创造"效应。RCEP 的成功不仅将会对世界经济提振及投资信心提振有帮助，同时也对全球规则制定等问题具有重要意义。例如，RCEP 在亚太地区有助于夯实制度基础，筑牢经济根基，在东亚地区率先建成统一和高效率的贸易投资规则体系，为企业降低制度成本。同时 RCEP 自由贸易区的建立，可以刺激区域内部需求，并形成内部生产消费循环，提升区域经济的外部风险抵抗能力。对于东盟而言，RCEP 将加快东盟国家之间的开放进程，推动商品和资本等要素在东盟内部的流动。对东盟经济落后国家的援助有利于缩小东盟内部成员国之间的差距，在经济共同体基础之上，可为所有成员国增加经济安全保障，使东盟免于其他经济组织分裂。对于中国而言，RCEP有助于提升我国制度层面上的开放，这对我国改革市场监管体制、优化营商环境、放宽市场准入、完善投资机制等具有积极的促进作用。

二、中国和 RCEP 伙伴国贸易合作发展历程

1. RCEP 组建前中国与 RCEP 伙伴国贸易合作发展历程

早在 RCEP 组建之前，中国与 RCEP 各国的贸易合作便持续展开。中国—东盟自由贸易区（China and ASEAN Free Trade Area，CAFTA）是世界上三大区域经济合作区之一。中国—东盟自由贸易区在 2010 年 1 月 1 日正式建成，该贸易合作区贸易总额达到 4.5 万亿美元，涵盖 19 亿人口，GDP 总量 6 万亿美元，是发展中国家最大的自由贸易区。

中国与东盟早在 1991 年就创建了对话伙伴关系，在此基础之上双方贸易联系逐渐紧密。尤其是在 1997 年亚洲金融危机时，中国给予东盟各国全力支持，使得双方在经济发展方面的联系进一步加深。同时，

随着 2001 年 12 月中国加入世界贸易组织之后，经济发展前景明朗，双方则进一步认识到共建自贸区的重要性，并以此来推动区域经济发展。中国—东盟自贸区建设发展共经历四个阶段：第一阶段是中国—东盟自贸区建设前期阶段（1991~2002 年）。其中，在 1991 年时，中国和东盟建立了对话伙伴合作关系，并于 1994 年成立中国—东盟经贸联委会，启动了中国和东盟双方在经贸领域的合作机制。在 1996 年时，中国将东盟升级为全面对话伙伴，使双方的贸易联系日趋紧密，为今后的自贸区建设打下了良好的政治基础。第二阶段是中国—东盟自贸区建设阶段（2002~2009 年）。其中，在 2002 年 11 月，中国和东盟签署了《中国—东盟全面经济合作框架协议》，标志着中国—东盟自贸区建设正式开启，并规定至 2010 年 1 月 1 日时，中国将对东盟 94% 的商品贸易关税降为零。2004 年 1 月启动了以农产品为主的"早期收获项目"。该项目规定，中国和东盟之间对 500 多种产品实行降税，并规定在 2006 年时，该类商品关税降为零。中国和东盟六国之间实行最惠国关税，将税率低于 5% 的商品降低为零，高于 15% 的商品降低到 10%。中国和东盟新成员越南、老挝、缅甸及柬埔寨之间，将高于 40% 的商品税率降为 20%，并逐年降低 5%，直到 2009 年时降低到零。而在 15%~40% 税率的商品，除了越南在 2008 年时降低到零以外，其余成员国一律降低到 5%。税率低于 15% 的一切商品在 2008 年后，全部降低到零。此后，中国和东盟又陆续签署了《货物贸易协议》《服务贸易协议》《投资贸易协议》，四大标志性协议的签署，表明中国—东盟自贸区基本建设完毕。第三阶段是中国—东盟自贸区建设完善阶段（2010~2015 年）。自 2010 年 1 月 1 日，中国—东盟自贸区宣告成立以来，各项贸易协议逐步落实。

中日韩自贸区概念也于 2002 年 1 月提出，当时三个国家承诺在 7 年之内完成相关机制的建设和规划。在经历了近 18 年的磕磕绊绊谈判，如今三方已经在货物贸易、服务贸易及投资和规则等重要议题进行了深入交换意见，并决定在 RCEP 基础之上，进一步提升贸易的自由化，以打造"RCEP + 自由贸易协定"的贸易发展模式。从中日韩自贸区发展历程来看：在 2003 年 10 月，中日韩在印度尼西亚巴厘岛召开的三国领导人峰会上，共同签署了《中日韩推进三方合作宣言》。这是中日韩三国开展经济合作以来第一个重要文件，标志着中日韩三国经济合作发展步入新阶段。然而，该宣言并未就何时启动官方研究及具体会谈的时间表达成一致。因此，在此后几年中，中日韩自贸区的构想只是停留在表层，并未真正进行谈判，也没有取得实质性进展和突破。直到 2007 年 3 月，中日韩三国成立了联合研究委员会，对中日韩自贸区的建设可行性进行分析，并对三边投资协定进行初步探讨。2009 年 10 月，中日韩领导人开始了第二次会议，三方同时呼吁加快启动中日韩自贸区政府、企业和学界联合研究。同年 10 月，三方商务部长会议提出在 2010 年正式启动中日韩自贸区政府、企业和学界的联合研究。2010 年 11 月，在中日韩领导人会议上，中日韩自贸区蓝图彻底完成，并计划在 2012 年正式启动。然而在 2012 年时，由于中日钓鱼岛争端和日韩独岛（竹岛）的领土主权纠纷不断升级，致使中日韩三国领导人的定期会晤被迫推迟。

中澳自贸区的建立，始于 2005 年的中国和澳大利亚自由贸易协定谈判启动谅解备忘录。中澳双方共进行 21 轮自由贸易谈判，并最终在 2014 年 11 月由中华人民共和国主席习近平和澳大利亚总理托尼·阿博特共同宣布"实质性结束中澳自贸协定谈判"。2015 年，中国和澳大利亚签署了《中澳自由贸易协定》，规定在未来五年内，两国给予对方最惠国待遇。其中，澳大利亚乳制品、牛肉、海鲜及煤、铜、镍等产品低价销售到中国。而中国则将机电产品和工业制成品，以零关税销售到澳大利亚。中澳自贸区谈判重要事件如表 4 - 2 所示，具体而言：2015 年中澳双方签订自由贸易协定谈判启动谅解备忘录，并于同年进行了三轮谈判。双方就自贸区谈判程序、领域及贸易体制等问题交换了意见，认为，加快信息交流有利于实现中澳经济发展的战略目标。2006 年中澳两国进行了第 4 轮谈判，双方在货物贸易、农产品贸易、服务贸易和法律议题等领域达成共识。2007 年 3 月，中澳两国就各自货物贸易领域的首次要价进行谈论，交换服务贸易领域的第二批壁垒清单和投资领域的首批壁垒清单，并在部分章节文案达成一致。第 9 轮就第 8 轮的交换意见继续讨论。同年 10 月，第 10 轮谈判集中在海关程序、技术性贸易壁垒、卫生植物检疫及原产地规则等取得进展。但是在相关产品的市场准入问题没有达成一致。第 11 轮和第 12 轮仍旧对此进行讨论。2008 年第 13 轮谈判重点对自由贸易协议框架内容、货物贸易市场准入、专业服务及金融教育、知识产权等问题磋商。但是双方在具体谈判内容方面存在较大争议，谈判进度受阻，并一度陷入停滞。2009 年 9 月，中澳两国恢复自由贸易谈判，并于 2010 年 3 月进行了第 14 轮谈判，双方谈判焦点集中在开放程度。2011 年 7 月，中澳第 16 轮谈判对前 15 轮谈判进行梳理，对农产品贸易、非农产品贸易、服务贸易、投资、海关程序、电子商务等领域的出要价情况和协定文案进行了讨论，并取得积极结果，达到双方谈判目标。由于前期合作并不是十分顺利，针对存在的争议，2012 年中澳双方签署了《中华人民共和国政府与澳大利亚政府关于加强基础设施领域合作谅解备忘录》。

表 4 - 2　　　　　　　　　　中澳自贸协定谈判重要事件历程

时间	重要谈判事件
2005 年	中国与澳大利亚签署《中华人民共和国商务部与澳大利亚外交贸易部关于承认中国完全市场经济地位和启动中华人民共和国与澳大利亚自由贸易协定谈判的谅解备忘录》
2008 年	中澳开始第十三轮谈判，谈判双方就货物贸易市场准入以及在自由贸易协议框架内的专业服务、知识产权、金融、教育及投资等问题进行磋商。但是双方谈判进展缓慢，在许多地方存在争议

续表

时间	重要谈判事件
2012 年	中澳双方签署了《中国政府与澳大利亚政府关于加强基础设施领域合作谅解备忘录》
2013 年	中澳双方建立了总理级年度定期会晤机制，对全面提升中澳关系及推动双方合作做出了重大努力。同年在北京进行了第十九轮谈判，为接下来的实质性突破奠定基础
2014 年	中澳双方在堪培拉宣布中澳自由贸易协定谈判实质性结束，并签订了自由贸易协定意向书
2015 年	中澳双方正式签署《中澳自由贸易协定》

资料来源：根据商务部官网相关资料整理。

2008 年 4 月，中国与新西兰正式签署《中华人民共和国政府与新西兰政府自由贸易协定》。这是中国与发达国家所签署的第一个自由贸易协定，同时也是中国与其他国家所签署的第一个涵盖货物贸易、服务贸易及投资等多个领域的自由贸易协定，该协议于 2008 年 10 月 1 日起生效。

中新自贸区谈判始于 2004 年，当时是由中国国家主席胡锦涛和新西兰总理海伦·克拉克在智利圣地亚哥举办的 APEC 峰会期间宣布启动中国新西兰自由贸易协定谈判。此后，一共经历了 15 轮谈判，并最终在 2008 年两国共同签署了《中华人民共和国政府和新西兰政府自由贸易协定》，正式宣告中国新西兰自贸区的建立。其中，前 8 轮谈判双方主要就货物贸易、服务贸易、非关税措施和保障措施等方面进行了意见交换与谈判，双方就谈判内容达成一致。2006 年 10 月，在中新第 9 轮谈判中双方进入了实质性阶段，双方对商品和服务进行规则制定，并对原产地规则和商品服务市场准入规则进行了交换。2007 年 1 月，中新第 10 轮谈判就货物贸易、服务贸易、投资、知识产权、原产地规则及动植物检疫措施等议题进行磋商。2007 年 4 月，中新第 11 轮谈判就货物贸易、服务贸易、投资等议题进行全面深入磋商，并就大部分问题达成共识。2007 年 6 月，中新第 12 轮谈判就货物贸易、服务贸易、投资等议题进行全面深入磋商，且双方同意加快谈判进程，并力争尽早结束谈判。此后，2007 年 7 月、8 月和 12 月，分别进行了第 13 轮、第 14 轮和第 15 轮谈判，双方就主要议题争论点和内容达成一致，并最终于 2008 年签署了《中华人民共和国政府和新西兰政府自由贸易协定》。该协议共分为 18 章节 214 条，分别对货物贸易、服务贸易、原产地规则、海关程序、卫生与植物卫生、技术性壁垒及知识产权与投资等方面进行了规定。

2. RCEP 组建后中国与 RCEP 伙伴国的贸易合作发展

RCEP 组建前，中国与各国之间的多个自贸区纷纷建立，但合作关系并不都是一帆风顺，有的存在争议，有的甚至难以就某些问题达成共识而导致合作关系止步。RCEP 组建后，各国都在向更好的合作关系努力，并在贸易合作领域取得了较大的进展。

李克强总理在 2013 年的中国—东盟领导人会议上提出了升级中国—东盟自贸区的意见，并阐述了中国—东盟 "2 + 7" 合作框架。在此推动下，2015 年中国和东盟签署了中国—东盟自贸区升级谈判文件，标志着中国和东盟的贸易合作朝向更高目标前行；第四阶段是中国—东盟自贸区升级的实施与发展阶段（2016 年至今）。由于中国—东盟自贸区的升级，使得双方合作提升到新的高度，也推动了中国和东盟之间的贸易额持续上涨，加速了中国经济和东盟经济的融合。

在各方的努力下中日韩自贸区的谈判重新开启，第一轮谈判于 2013 年 3 月在韩国首尔举行，会议就自贸区机制安排、谈判领域等议题进行了谈论。但之后，又是由于历史问题和领土争端问题的困扰，使得中日韩自贸区谈判进展缓慢，甚至再次进入停滞阶段。此后，中国和韩国进行了多轮谈判，并于 2015 年 6 月签署了《中华人民共和国政府和大韩民国政府自由贸易协定》，该协定算是谈判取得的重大成就。

该协定生效后，两国90%的货物贸易开始进入零关税时代。中韩两国的自由贸易协定签署为中日韩自贸区的谈判注入了强心剂，日本迫于区域合作压力开始转变合作态度，并加快了中日韩自贸区的谈判进程和速度。目前，中日韩自贸区已经进行16轮谈判，其成果已经向国际社会传达出三国坚定维护创建开放性世界经济，反对贸易保护主义的共同立场。

2013年6月，中澳双方也进行了第19轮谈判，谈判结果也达到预期效应。在经过2010年到2013年之间的多轮谈判，中澳双方已经基本确立建设具有多层次、全方位及宽领域的贸易互动格局。两国在矿产资源和农产品等领域合作不断巩固与加深。最终，中澳自贸区谈判成功，并取得了许多实质性成果。例如，在政策开放程度方面，澳大利亚对中国所有产品实行零关税，中国对大多数澳大利亚产品实行零关税；在服务领域，双方共同做出高质量开放承诺；在投资领域，双方互相给予最惠国待遇，降低企业投资门槛，提升企业市场进入机会等。

新西兰在2016年1月1日之前全面取消对中国的进口关税，而中国则在2019年1月1日之前取消大多数从新西兰进口商品关税，且双方都取消对农产品的补贴政策。同时，在服务贸易方面，新西兰在体育娱乐、运输、环境及建筑等领域做出了高于世贸组织的承诺，并在双方保证边界安全的情况下，鼓励两国人员来往。此外，鉴于两国的法律和制度存在差异，因此对于可能出现的纠纷无论如何都要通过合作磋商来解决，其解决方法包括磋商、调节、调停及仲裁等。

RCEP组建后，中国与各国的合作关系大都取得了很大进步，也为RCEP顺利谈判达成共识打下了良好的基础。

第二节　中国与 RCEP 伙伴国贸易现状

一、RCEP 机制特征

虽然当前 RCEP 基本建立完成，但是 RCEP 建立的过程极为艰辛，各国对 RCEP 如何建立和怎样建立进行了诸多博弈。起初，东盟对 RCEP 建立模式采取折中方案，主要参考中日两国所提出的具体合作方案，其目的是保持东盟的大国平衡发展战略，让中日及其他非东盟国家相互制衡并从中受益。因此，虽然 RCEP 是由东盟率先提出和倡导，但是东盟自身组建自贸区态度的积极性不强，较为消极。直到美国强势返回亚太地区，加速了跨太平洋伙伴关系协定（TPP）的谈判[①]，东盟才因担心自己被边缘化，而改变了 RCEP 建设的态度，由消极转变积极，从而加速了 RCEP 自贸区的建设速度。在复杂的全球区域贸易合作中，RCEP 自贸区有着特有的合作机制特征：首先，RCEP 自贸区的建立原则是以东盟为主导的东亚地区经济一体化发展模式，秉持"东盟方式"[②] 合作理念，以团结和凝结参加国及维护共同利益为目标；其次，RCEP 具有较高的合作基础，其合作框架是在五个"东盟 10 + 1"自贸协定基础之上，根据不同参与国发展差异性，采取灵活和弹性谈判原则，符合各国利益，试图构建现代化的高质量自贸区；最后，RCEP 具有高度开放性、联合性。其开放性表现

---

① 2015 年 TPP 取得实质性突破，美国等 12 个国家就 TPP 协议达成一致，12 个国家占全球经济比重约为 40%。2016 年 2 月 4 日，TPP 协议在奥克兰正式签订

② 东盟方式"The ASEAN Way"，奉行将共识、妥协和让步推向积极的工作方式。在正式会谈之前，进行大量非正式和私人的幕后会议。待参与各方了解彼此之后，再相互迁就妥协，非常符合亚洲人的文化性格。

在任何国家都可以在特定时间内加入 RCEP，只要相关议题可以被其他成员国所认同。联合性表现在 RCEP 自贸区的谈判内容广泛，可涵盖各成员国所关切的问题。同时，RCEP 自贸协定采取的是多轨并行模式，与其他自贸协定并无冲突，并且具有相互促进关系。

二、中国—东盟进出口贸易规模

中国与东盟地理位置相近，一直保持紧密的外贸关系。尤其是在 2001 年中国加入 WTO 后，中国开始转变发展策略，实行出口为导向的贸易发展政策，审时度势利用周边环境，快速与东盟签订了一系列经济合作协议，使得中国与东盟的贸易规模发展迅猛。

根据中国商务部发布的"中国—东盟关系主要指标（2018 年）：贸易"中的统计数据显示，2018 年中国与东盟贸易总额为 5878.7 亿美元，其中东盟进口 3192.4 亿美元，出口 2686.3 亿美元。较 2017 年增长 14.1%，其中东盟进口增长 14.2%，出口增长 13.8%。中国与越南贸易总额为 1478.6 亿美元，其中越南进口 839.0 亿美元，出口 639.6 亿美元。较 2017 年增长 21.2%，其中越南进口增长 17.2%，出口增长 27%。中国与马来西亚贸易总额为 1086.3 亿美元，其中马来西亚进口 454.0 亿美元，出口 632.3 亿美元。较 2017 年增长 13%，其中马来西亚进口增长 8.9%，出口增长 16.2%。中国与泰国贸易总额为 875.2 亿美元，其中泰国进口 428.9 亿美元，出口 446.3 亿美元。较 2017 年增长 9.2%，其中泰国进口增长 11.3%，出口增长 7.3%。中国与新加坡贸易总额为 828.8 亿美元，其中新加坡进口 491.7 亿美元，出口 337.1 亿美元。较 2017 增长 4.6%，其中新加坡进口增长 9.2%，出口降低 1.6%。中国与印度尼西亚贸易总额为 773.7 亿美元，其中印度尼西亚进口 432.1 亿美元，出口 341.6 亿美元。较 2017 年增长 22.2% , 其中印度尼西亚进口增长 24.3% , 出口增长 19.6% 。中国与菲律宾贸易总额为 556.7 亿美元 , 其中菲律宾进口 350.6 亿美元 , 出口 206.1 亿美元。较 2017 年增长 8.5% , 其中菲律宾进口增长 9.3% , 出口增长 7.1% 。中国与缅甸贸易总额为 152.4 亿美元 , 其中缅甸进口 105.5 亿美元 , 出口 46.9 亿美元。较 2017 年增长 13.1% , 其中缅甸进口增长 17.9% , 出口增长 3.6% 。中国与柬埔寨贸易总额为 73.9 亿美元 , 其中柬埔寨进口 60.1 亿美元 , 出口 13.8 亿美元。较 2017 年增长 27.6% , 其中柬埔寨进口增长 25.7% , 出口增长 36.7% 。中国与老挝贸易总额为 34.7 亿美元 , 其中老挝进口 14.5 亿美元 , 出口 20.2 亿美元。较 2017 年增长 14.9% , 其中老挝进口增长 2.5% , 出口增长 25.8% 。中国与文莱贸易总额为 18.4 亿美元 , 其中文莱进口 15.9 亿美元 , 出口 2.5 亿美元。较 2017 年增长 86% , 其中文莱进口增长 149.8% , 出口降低 29.5% 。具体中国—东盟贸易总额走势如图 4-1 所示 , 中国与东盟各成员国的贸易总额如表 4-3 和表 4-4 所示。

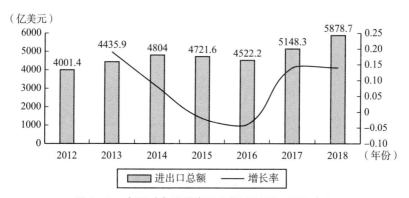

图 4-1　中国对东盟进出口总额（2012 ~ 2018 年）

资料来源：商务部。

表 4－3　　　　　　2012～2018 年中国对东盟各国出口总额　　　　单位：亿美元

国家	出口额						
	2012 年	2013 年	2014 年	2015 年	2016 年	2017 年	2018 年
文莱	12.5	17.0	17.5	14.1	5.1	6.5	2.5
柬埔寨	27.1	34.1	32.7	37.6	39.3	47.8	13.8
印度尼西亚	342.8	369.3	390.6	343.4	321.2	347.6	341.6
老挝	9.3	17.2	18.4	12.3	9.9	14.3	20.2
马来西亚	365.2	459.3	463.6	439.9	376.6	417.2	632.3
缅甸	56.7	73.4	93.7	96.5	81.9	90.1	46.9
菲律宾	167.3	198.7	234.7	266.7	298.3	320.4	206.1
新加坡	407.4	458.3	489.1	520.1	444.8	450.2	337.1
泰国	311.9	327.1	343.0	382.9	371.9	387.1	446.3
越南	342.1	485.9	637.4	661.2	611.0	709.9	639.6

资料来源：《中国统计年鉴》《中国海关统计月报》。

表 4－4　　　　　　2012～2018 年中国对东盟各国进口总额　　　　单位：亿美元

国家	进口额						
	2012 年	2013 年	2014 年	2015 年	2016 年	2017 年	2018 年
文莱	3.7	8.9	1.9	1.0	2.1	3.5	15.9
柬埔寨	2.2	3.6	4.8	6.7	8.3	10.1	60.1
印度尼西亚	319.5	314.2	245.2	198.9	213.9	285.5	432.1
老挝	7.9	10.1	17.7	15.5	13.5	15.9	14.5
马来西亚	583.1	601.5	556.6	533.0	492.1	543.0	454.0
缅甸	12.9	28.6	156.0	56.2	41.0	45.3	105.5
菲律宾	196.4	181.8	209.8	189.8	173.7	192.3	350.6
新加坡	285.3	300.6	308.3	275.6	259.5	342.2	491.7
泰国	385.5	385.2	383.8	371.7	386.8	415.8	428.9
越南	162.3	168.9	199.0	298.4	371.3	503.3	839.0

资料来源：《中国统计年鉴》《中国海关统计月报》。

中国海关总署所公布的进出口数据显示，2019 年上半年，东盟已经超过美国，成为中国第二大货物贸易伙伴，凸显出近年来中国同东盟之间的经济贸易合作成果。其中，在东盟之中，越南和中国的贸易规模最大，达到 1478.6 亿美元。之后依次为马来西亚、泰国、新加坡、印度尼西亚、菲律宾、缅甸、柬埔寨、老挝及文莱。中国与东盟之间的经贸往来惠及民众，在双方贸易合作不断深入的背景下，民众生活显著提升。例如，中国已经成为菲律宾第四大出口市场。在过去两年时间里，中国从菲律宾共计进口约 200 万吨，价值 20 亿美元的热带水果，并且仅在 2018 年就从菲律宾进口 120 万吨香蕉，替代了日本成为菲律宾出口第一大国。此外，在 RCEP 协定的积极影响下，中国与东盟的经济合作不断加深，尤其是在承包工程及劳务合作方面。根据《中国统计年鉴》数据显示，截止到 2016 年 12 月底，中国与东盟的承保工程总额达到 2758216 万美元，较 2015 年增长 3.29%。劳务合作派出人数达到 44361 人，较 2015 年增长 4.36%。

三、中日韩进出口贸易规模

根据日本海关统计（见表 4 - 5），自 2013 年起，中日双边贸易呈现出贸易总额先减后增的发展态势。尤其是在 2012 年 9 月，日本政府宣布对钓鱼岛实行国有化，致使中日两国关系恶化，对此中日经济交流明显下降，进出口贸易发展停滞，对两国的经济和人民福祉带来了负面冲击。直到 2016 年，中日贸易交易规模才有所复苏，并在 2018 年达到 2013 年之前的水平。2018 年中日双边贸易进出口额为 3175.3 亿美元，同比上涨 6.8%。根据中日进出口额统计，2013 年至 2018 年，中国一直对日本保持贸易顺差态势，且在 2015 年时所有减少。截止到 2018 年 12 月底，中日贸易顺差为 295.5 亿美元，较去年同期减少 6.37%。从产品维度方面来看（见表 4 - 6），中国对日本的出口主要为机电产品、纺织产品、家具、玩具和原料等。其 2018 年的出口额度分别为 789.0 亿美元、218.8 亿美元及 107.5 亿美元，增长率分别为 4.7%、2.0% 和 1.3%。在进口方面，中国主要从日本进口机电产品、化工产品及运输设备。其 2018 年的进口额度分别为 620.1 亿美元、165.2 亿美元和 139.2 亿美元，增长率分别为 10.3%、18.5% 和 11.7%。综合而言，中日两国经济实力相当，在某些领域具有交集存在竞争关系，但总体上来看中日两国外贸关系仍具有较强的互补性。尤其是在当前地缘政治风险不断增加及美国主导的贸易保护主义抬头的背景下，加强中日两国的贸易往来意义重大。根据前瞻产业研究院的研究表明，在当前世界经济发展大环境下，中日贸易合作将不断加深。其原因在于，中国对日本的贸易发展影响力日益扩大，日本经济发展越发依赖于中国。研究表明，中国对日本的经济效应在 2015 年时就已经超过美国，即中国需求每提升 1% 将对日本产生 28 亿美元的经济效应，而美国仅能带给日本 27 亿美元的经济效应。同时，该预测表明，到 2030 年时，中国给日本带来的经济效应将进一步扩大，最高可达 46 亿美元。

表 4 - 5　　　　　　　　中日、中韩贸易规模　　　　　　　单位：亿美元

年份	中日			年份	中韩		
	贸易额	出口额	进口额		贸易额	出口额	进口额
2013	3098.9	1807.6	1291.2	2013	2289.2	830.5	1458.7
2014	3074.8	1810.0	1264.8	2014	2354.0	900.7	1453.3
2015	2698.6	1605.0	1092.9	2015	2273.8	902.4	1371.4
2016	2705.0	1566.1	1138.9	2016	2113.9	869.6	1244.3
2017	2972.8	1644.2	1328.6	2017	2399.7	978.6	1421.2
2018	3175.3	1735.4	1439.9	2018	2686.4	1064.8	1621.6

资料来源：根据日本海关、韩国海关相关资料整理。

表 4 - 6   2018 年日本对中国主要进出口产品种类

海关分类	商品类别	日本从中国进口		日本向中国出口	
		进口总额（百万美元）	占比（%）	出口总额（百万美元）	占比（%）
第 5 类	矿产品	2285	1.3	1713	1.2
第 16 类	机电产品	78900	45.5	62006	43.1
第 6 类	化工产品	10146	5.9	16520	11.5
第 15 类	贱金属及制品	10010	5.8	12335	8.6
第 18 类	光学、钟表、医疗设备	5829	3.4	12055	8.4
第 17 类	运输设备	4678	2.7	13920	9.7
第 11 类	纺织品及原料	21882	12.6	2408	1.7
第 7 类	塑料、橡胶	5904	3.4	9399	6.5
第 1 类	活动物、动物产品	—	—	367	0.3
第 4 类	食品、饮料、烟草	5061	2.9	497	0.4
第 2 类	植物产品	2655	1.5	—	—
第 20 类	家居、玩具、杂项制品	10748	6.2	1886	1.3
第 13 类	陶瓷、玻璃	2295	1.3	1789	1.2
第 12 类	鞋靴、伞等轻工制品	3548	2.1	—	—
第 8 类	皮革制品、箱包	2670	1.5	—	—
第 10 类	纤维素浆、纸张	—	—	1452	1

资料来源：根据日本海关相关资料整理。

根据韩国海关统计（见表 4 - 5），自 2013 年起，中韩双边贸易规模一直呈现波动发展态势，整体有小幅度增长趋势。尤其是在 2015 年和 2016 年，由于韩国不顾中方强烈反对，与美国联合部署萨德导弹系统，致使中韩两国的贸易发展显著受阻，并于 2016 年降至最低。此后，在 2017 年，中韩双边贸易规模有所回暖，并在 2018 年达到 2686.4 亿美元，同比增长 11.9%。从产品维度方面来看（见表 4 - 7），根据韩国海关统计数据显示，中国对韩国的出口主要为机电产品、贱金属和化工产品。2018 年中国对韩国的出口额分别为 504.13 亿美元、121.69 亿美元和 114.63 亿美元。其中，机电产品出口增长 10.3%、贱金属出口降低 6.1%、化工产品出口增长 26.4%。中国从韩国的主要进口产品包括光学、钟表、医疗设备、化工产品、机电产品等。

表 4 - 7　　　　　2018 年韩国对中国主要进出口产品种类

海关分类	商品类别	韩国从中国进口		韩国向中国出口	
		进口总额（百万美元）	占比（%）	出口总额（百万美元）	占比（%）
第 5 类	矿产品	1181	1.1	—	—
第 16 类	机电产品	50413	47.4	88036	54.3
第 6 类	化工产品	11463	10.8	22327	13.8
第 15 类	贱金属及制品	12169	11.4	8467	5.2
第 18 类	光学、钟表、医疗设备	4567	4.3	13618	8.4
第 17 类	运输设备	2132	2.0	2553	1.6
第 11 类	纺织品及原料	6092	5.7	1826	1.1
第 7 类	塑料、橡胶	3443	3.2	11568	7.1
第 1 类	活动物、动物产品	1312	1.2	277	0.2
第 4 类	食品、饮料、烟草	1534	1.4	891	0.6
第 2 类	植物产品	1204	1.1	—	—
第 20 类	家居、玩具、杂项制品	3888	3.7	481	0.3
第 13 类	陶瓷、玻璃	2933	2.8	854	0.5
第 12 类	鞋靴、伞等轻工制品	1459	1.4	—	—
第 8 类	皮革制品、箱包	1061	1.5	164	0.1
第 10 类	纤维素浆、纸张	—	—	459	0.3

资料来源：根据韩国海关相关资料整理。

四、中国、澳大利亚进出口贸易规模

2019 年 4 月世界贸易组织发布的《全球贸易数据与展望》报告显示，

2018 年澳大利亚贸易进出口规模达到 4930 亿美元，位列全球第 25 位。其中，对外出口额为 2570 亿美元，占全球出口贸易比重 1.3%；对外进口额为 2360 亿美元，占全球进口贸易 1.2%。近年来，澳大利亚对外贸易额持续高涨。尤其是在 2010 年，澳大利亚完全走出世界经济所带来的影响，其对外贸易总额实现 29.6% 的增长速度，对外贸易总额达到 4068 亿美元，并在 2012 年时达到对外贸易峰值 5069 亿美元。虽然，此后澳大利亚对外贸易连续四年下跌。但是在 2017 年止住对外贸易发展颓势，实现了 18.4% 的增长，对外贸易总额达到 4521 亿美元。

在 2015 年中澳两国签订《中澳自贸协定》之前，中澳双边贸易总额一直持续负增长，并且下降趋势越来越严重。而在 2015 年中澳两国签订了《中澳自贸协定》之后，中澳双边贸易额迅速回升。例如，2015 年中澳双边贸易总额为 1072.1 亿美元，而到了 2018 年中澳双边贸易总额则达到 1431.3 亿美元（见图 4 - 2）。在中澳双边贸易进出口贸易顺/逆差方面（见图 4 - 3），澳大利亚对中国一直保持贸易顺差态势，并且在签订《中澳自贸协定》之后持续增长。在 2018 年时，澳大利亚对中国的贸易顺差达到 320.9 亿美元，较同期增长 17.5%。从产品维度方面来看，澳大利亚对中国主要出口以金属矿砂为代表的矿产品为主力出口产品。其中，2018 年澳大利亚共向中国出口价值 550.8 亿美元，占总出口贸易总额的 62.9%。此外，贵金属制品和动物产品也是澳大利亚主要向中国出口的商品，其出口额度分别为 43.2 亿美元和 28.5 亿美元，占总出口额的 4.9% 和 3.3%。而澳大利亚对中国的进口产品主要是机电产品、纺织产品和家具玩具，2018 年共进口 341.7 亿美元，占进口总额的 61.5%。除此之外，贱金属、塑料橡胶及化工产品也是澳大利亚主要从中国的进口商品，其占比分别为 5.2%、4.2% 和 4.2%。

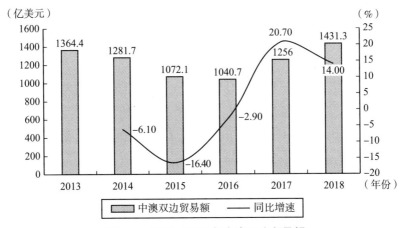

图 4 - 2　2013 ~ 2018 年中澳双边贸易额

资料来源：根据澳大利亚统计局相关资料整理。

图 4 - 3　2013 ~ 2018 年澳大利亚对中国进出口状况

资料来源：根据澳大利亚统计局相关资料整理。

五、中国、新西兰进出口贸易规模

新西兰是世界上第一个承认中国完全市场经济地位并且与中国签订自由贸易协定的发达国家，新西兰与中国贸易往来密切。值得一提的是，在 2018 年中国成功取代澳大利亚成为新西兰全球最大贸易合作伙伴、最大出口市场及最大进口来源国。而新西兰也是中国五大食品供应国之一。根据世界贸易组织的统计数据显示，在 2009 ~ 2018 年期间，新西兰进出口贸易极不稳定波动较大。尤其是在经济危机发生初期，新西兰受到经济危机影响巨大，在 2009 年进出口贸易骤降 22.1%。虽然此后 5 年，新西兰进出口贸易规模持续上涨，但是，在 2015 年受到国际大宗商品价格下降影响，新西兰的乳制品出口大幅度减少，导致其进出口贸易规模降低了 15.7%。正如新西兰统计局高级经理多兰（Dolan）所言，从以往的发展经验来看，新西兰与欧盟及其他国家的贸易合作一直处于贸易逆差状态，而与中国的贸易合作，则又平衡了贸易落差。从新西兰出口贸易目的国来看，中国与澳大利亚是新西兰的主要出口国。根据新西兰统计局的统计数据显示，2018 年新西兰对中国和澳大利亚的出口额为 96 亿元和 63 亿元，较上年同期分别增长 12.2% 和 1.1%，两国合计占据新西兰总出口贸易额度的 40.1%。在新西兰进口来源国方面，中国和澳大利亚同样是新西兰最主要的进口来源国。其中，2018 年新西兰分别从中国和澳大利亚进口 86.3 亿美元和 50.2 亿美元，较上年同期分别增长了 11.3% 和 2.1%，两国合计占据新西兰总进口贸易额度的 31.2%。

新西兰统计局的数据显示，在 2013 ~ 2018 年期间，中国与新西兰双边贸易额呈现平稳上涨态势。除了 2015 年的国际大宗商品价格下跌及中国经济放缓等因素的影响以外，中新双边贸易额一直保持正向增长速度。其中，2014 年中新贸易总额为 154.8 亿美元，较 2013 年中新双边贸易总额 149.6 亿美元，增长了 3.5%。在 2015 年时，中新双边贸易总额为 131.6 亿美元，较 2014 年中新双边贸易总额下降了 23.2 亿美元，同比增速降低 15.0%。到了 2018 年时，中新双边贸易总额为 182.5 亿美元，较 2017 年中新双边贸易总额 162.5 亿美元增长了 12.3%。在贸易结构方面，中新双边贸易结构并不稳定。其中，在 2015 年和 2016 年时，新西兰对中国为贸易逆差，其逆差总额分别为 11.0 亿美元和 6.5 亿美元。而在 2017 年和 2018 年时，新西兰对中国为贸易顺差，其顺差总额分别为 7.5 亿美元和 9.9 亿美元。从中国和新西兰两国的产品进出口结构来看，活动物和动物产品是新西兰主要对中国的出口产品，其贸易总值为 4994 百万美元，占据对中国出口总额的 51.9%。木及制品和食品、饮料、烟草紧随其后，其贸易总值分别为 2018 百万美元和 590 百万美元，分别占据对中国出口总额的 21.0% 和 6.1%。新西兰从中国主要进口机电产品，进口贸易总额为 3162 百万美元，占据新西兰从中国进口总额的 36.7%。而占据新西兰进口总额第二位和第三位的分别是纺织品及原料和家具、玩具、杂项制品，其进口贸易总额分别为 1108 百万美元和 915 百万美元，分别占据新西兰从中国进口总额的 12.9% 和 10.6%。从中新双边贸易进出口产品的总价值来看，新西兰对中国出口的木及制品的比重最高，占据总出口额的 55.80%。新西兰从中国进口的家具、玩具、杂项制品的比重最高，占据总进口额的 61.40%，其他具体商品类比的进出口比重如图 4-4 和图 4-5 所示。

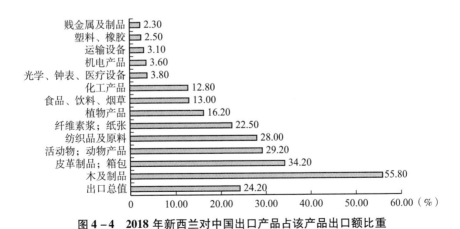

图 4-4　2018 年新西兰对中国出口产品占该产品出口额比重

资料来源：根据新西兰统计局相关资料整理。

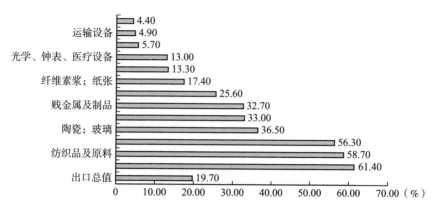

图 4-5　2018 年新西兰对中国进口产品占该产品进口额比重

资料来源：根据新西兰统计局相关资料整理。

第三节　中国与 RCEP 伙伴国贸易发展存在的主要问题

一、中国与东盟贸易发展问题

第一，中国与东盟国家都是发展中国家，经济实力有限，对外部经济增长依赖较高。同时，中国与东盟产业结构相似，在诸多领域存在竞争关系。大多数都是以农业及资源密集型产业和劳动密集型产业为主，因此双方贸易结构趋同，市场竞争较为激烈，对双方的合作将带来负面影响。具体而言：在农业发展方面。许多学者采用土地相对赋予度及农业/GDP 两种指标进行综合分析。根据测算，中国与东盟各国的农业/GDP 指标排名为：新加坡、马来西亚、泰国、菲律宾、中国、印尼、越南、柬埔寨、老挝及缅甸。土地赋予度的排名为：缅甸、老挝、柬埔寨、马来西亚、印尼、泰国、中国、越南、菲律宾及新加坡。因此，通过该指标的判定可知，农业/GDP 指标高于中国的国家，其农产品相对于其他产品更具有竞争优势，其代表为：缅甸、老挝、柬埔寨及越南。农业/GDP 指标与中国相差无几的国家，表明二者之间的农产品竞争力相当，其代表为：印尼和菲律宾。农业/GDP 指标低于中国的国家，表明该国农产品竞争力具有劣势，其代表为：泰国、马来西亚和新加坡。在工业制造方面，中国和东盟国家之间都属于密集劳动型产业。根据相关测算结果，中国与东盟国家之间的资本/劳动指标由高到低排名为：新加坡、马来西亚、泰国、菲律宾、印尼和中国。因此，中国制造业与东盟相比只是处于中等水平，其制造业竞争力不突出。但是，根据工业的集聚效应和规模效应可知，中国的人口优势将对经济产生马太效应，即中国的制造业竞争力将越来越强。综上所述，中国与东盟国家之间由于产业结构相似，因此二者具有竞争关系。在 RCEP 协定的影响下，许多东盟具有比较优势的产品将大量出口到中国，致使许多缺乏核心竞争力的企业效益降低或者破产，间接提升了我国失业率，对经济的稳定性带来一定负面影响。

第二，中国和东盟成员国之间的经济水平差距明显，其中既有一些像新加坡这种以国际贸易立足的国家，也有像缅甸这种几乎依靠自给自足发展国家。因此，中国与东盟各国的经济一体化目标及承受能力各不相同。经济较为发达的国家试图加强区域经济一体化的合作深度，进一步开放市场，使其优势产业获得更多发展空间。但是，经济落后国家则需要对本国产业和市场实行保护，以保证本国企业稳定发展。

第三，金融货币问题。中国与东盟合作已久，双方国际贸易交互较深。但是，中国和东盟金融货币一体化的发展却远滞后于双方的贸易一体化发展进程，主要表现在双边货币合作障碍和金融服务缺陷较大。一方面，中国在东盟各国所设立的金融机构不足，金融机构数量无法满足日益增长的国际贸易发展需求。另一方面，中国与东盟各国的双边结算基础设施建设仍不完善，银行机构结算比例较小，而"地摊银行"较多。但是，安全无法保障的"地摊银行"远不能和正规的银行结算业务竞争力相比。

第四，中国与东盟各成员国的国情存在较大差异，具体表现在政治体制与社会制度等方方面面。同时，东盟各国具有多种民族，民族文化及宗教等问题的复杂化同样对中国和东盟之间的贸易发展起到负面影响作用。

第五，贸易摩擦问题逐渐增多。随着中国与东盟之间的贸易额度不断上涨，双方的贸易摩擦问题也日益凸显。尤其是在 2012 年之后，改变了东盟长期对中国的贸易顺差，且额度逐年增加，使得东盟部分国家的支柱型企业受到严重冲击，因而引发了部分国家的不满，从而导致贸易摩擦。例如，以马来西亚、印度和泰国等国家为主的东盟钢铁大国，近年来频繁指责中国向东盟倾销钢铁，对本国的钢铁产业造成较大冲击，并且其申诉的级别越来越高。虽然这些贸易摩擦并未对中国和东盟之间的贸易造成较大影响，但是其潜在破坏性仍然值得警惕。

第六，非关税贸易壁垒问题严重。虽然，中国与东盟之间建立了自贸区，使得双方的贸易壁垒大幅度降低，但非关税壁垒问题日益凸显。尤其是在中国和东盟各国之间的技术标准及检验检疫方面存在较大分歧。在产品标准、技术规范及评价标准等方面仍然缺乏透明度。而对于部分东盟经济不发达国家而言，还采用了贸易保护性质的非关税壁垒，以阻碍中国具有竞争性的产业和商品进入。例如，根据联合国贸易与发展委员会的统计数据显示，东盟十国一共实施了 5975 项目非关税壁垒。其中，技术和卫生与植物卫生的壁垒比重最高，分别达到 43% 和 33%。

第七，主导权问题。虽然东盟的每个成员国经济实力都不如中国，但是东盟整体的经济实力却与中国相当。因此，如何确定中国和东盟在贸易方面的主导权问题较为棘手。从双方联手共建自贸区的目标来看，中国的目标是借助东盟力量提升中国在东亚地区的能力以及在亚太地区和美国相抗衡，从而打破美国孤立中国的企图。而东盟的目的则是借助中国之力朝向东亚经济一体化发展，并以此为基础提升与欧洲和美国的交往筹码。因此，从长久的贸易发展趋势来看，中国和东盟的贸易主导权争夺将是焦点和重点。

二、中日韩贸易发展问题

第一，中日韩三国贸易结构不平衡。根据 2019 年 4 月世界贸易组织发布的《全球贸易数据与展望》报告显示，2018 年中国是世界第一大对外出口国，第二大对外进口国。日本是世界第四大对外出口国，第四大对外进口国。韩国是世界第六大对外出口国，第九大世界对外进口国。虽然，中日韩都是世界性的贸易大国，但是三者之间的贸易发展却处于长期非均衡状态，主要体现在贸易结构及贸易地位等方面的不平等。例如，在贸易结构方面。由于日本一直处于经济发达国家行列，因此在 20 世纪 90 年代时，中日韩的贸易结构属于"雁行"发展模式，日本一枝独秀。此时，中国对日本和韩国的出口产品以初级产品为主。根据联合国 UN COMTRADE 数据库的统计数据显示，在 1992 年时，中国对日本的初级产品出口金额为 50.3 亿美元，占总出口额的 49.2%。工业制成品进口为 95.8 亿美元，占总进口额的 50.7%。而这一数据到了 2012 年时，中国对日本的初级产品出口金额为 154.0 亿美元，占总出口额的 10.1%。工业制成品进口为 1362.4 亿美元，占总进口额的 89.9%。同样在 1992 年，中国对韩国的初级产品出口额为 10.3 亿美元，占总出口额的 47.4%。工业制成品进口额为 9.5 亿美元，占总进口额的 88.9%。这一数据到了 2012 年，中国对韩国的初级产品出口额为 70.7 亿美元，占总出口额的 8.1%。工业制成品进口额为 1527.2 亿美元，占总进口额的 90.5%。由此可知，虽然中国对日本和韩国的贸易结构均发生了变化，一方面，中国产业结构有所改善，对韩国的初级产品出口额比重在不断减少。另一方面，中国对日本和韩国的工业制成品需求还在不断增加，并逐渐成为中国与日本和韩国贸易主要构成部分。因此，在贸易结构方面，中国与日本和韩国之间存在不平衡关系。此外，中国、日本和韩国在产业结构竞争性方面日益增强。对于日本而言，在二战后迅速崛起，依靠制造业及电子制造业实现经济快速腾飞。同时，韩国政府在20世纪60年代进行经济体制改革后，政府对国内企业全力扶持，再加上外向型的对外贸易政策，加速了韩国国内制造业及工业化发展的进程，使得韩国的出口贸易从劳动密集型转向技术密集型，其许多企业在国际市场中具有重要影响力。而中国在改革开放以后，国内制造业得以迅猛发展，并成为世界上产业链最为齐全的制造业，是名副其实的世界制造工厂。尤其是随着近年来中国的高新技术发展较快，使得中国部分制造业在国际上开始具有较强的竞争优势。但是从整体的制造业发展水平来看，中国制造业还是存在大而不强的发展问题。尤其是缺乏关键性技术，使得部分重要工业制成品还要依靠进口。因此，综合而言，中日韩三国当中，日本工业化水平最高，已经步入后工业化时期，国内产业结构以资本型和技术型为主。韩国的制造业仅次于日本，在经济体制改革下劳动密集型产业有所减少，资本型和技术型企业快速发展，具有一定的国际竞争力。中国则处于经济转型阶段，劳动型和资源型制造业产品在国际贸易中仍占据主要地位。

第二，中日韩三国贸易地位不平衡，中国处于贸易劣势地位。正如前文所分析，虽然中日韩三国是重要的国际贸易伙伴，但是三者的经济发展水平存在较大差异。其中，日本作为发达国家，无论是国内经济发展水平，还是高新技术都属于世界领先地位。而韩国作为新生的工业国家，其国内经济发展水平高于中国，制造业生产能力较强，并涌现出一批诸如三星、现代、LG、大宇等一批具有世界影响力的制造企业。而中国与日本和韩国相比，制造业明显处于劣势地位。因此，在中日韩三国的贸易发展中，中国需要大量吸纳日本和韩国的资金和高新技术产品，并同时向两国提供大量附加值较低的初级产品。

第三，中日韩三国均存在农业保护政策。农业作为一国经济发展的支撑产业，中国、日本和韩国都采取了程度不同的保护政策，以保证农业发展适应国民经济其他产业发展。例如，日本对农业进行价格补贴政策，采取双重价格形式，对农产品进行高价收购，再低价卖出。同时，对特殊的农产品进行确定最低价格，如果该农产品低于规定价格，那么政府将全部收购。而出于对国内的农业保护，日本目前还对 10 余种农产品进行进口限额。韩国同样采取价格补贴方式对农产品进行价格调整，并采取相对价格制度，对其他农产品进行保护。中国对农业的保护力度相对较轻，主要体现在对耕地的保护。由于我国农村生产规模小，且机械化水平不足，因此需要保证耕地面积，以稳定农业生产。综合而言，中日韩三国均对农业实行了保护政策，以财政补贴方式增加了政府负担。同时，大量的补贴又致使本国农业国际竞争力不足。因此，在中日韩三国的贸易谈判中，农业问题是一个较大的挑战。

第四，中日韩非关税壁垒问题愈发明显。当前，随着世界多边贸易协定的迅速发展，传统关税壁垒对贸易的影响作用越来越小，取而代之的是非关税壁垒，尤其是技术性贸易壁垒更是成为当前贸易保护主义的主要措施手段，严重阻碍了世界贸易共同发展。对于中日韩三国贸易发展而言，近年来因非关税壁垒所引发的争端越来越多。例如，日本所颁布的《蔬菜水果进口检验法》对进口蔬菜水果实行了严格审批标准，将大部分国外产品阻挡在国门之外。而针对中国农产品的"肯定列表制度"，同样对中国的食品出口极为不利。韩国对于农产品的非关税壁垒主要通过审批制度执行。例如，普通农产品在进入之前需要申请检查，而检查时间普遍在 10 天左右。而对于国外水果的进入，则审查时期更为漫长，甚至审批时间达到 4 年之久，其实质就是通过技术性壁垒阻碍国外产品进入。在工业制成品方面，对于国外进口产品而言，除了要满足国际认证，同时还要满足韩国的认证标准。服装、儿童玩具及其他零部件等除了要满足相关质检标准，还需要满足环境保护标准等。

第五，日本与中国和韩国对历史认识的分歧，同样不利于中日韩三国贸易发展。一直以来，日本都没有对曾经的侵略历史和给中、韩等亚洲国家人民造成的伤害进行深刻的反省和忏悔，日本这种不尊重历史的行为，显然让亚洲饱受战争摧残的各国人民愤怒，对中日韩三国的关系发展蒙上了一层阴影。此外，中国与日本的钓鱼岛争端及日韩独岛（竹岛）的领土主权纠纷，同样对中日韩三国的贸易发展往来带来了较大负面影响。

三、中国与澳大利亚贸易发展问题

虽然，目前中国与澳大利亚全面实现了国际贸易战略合作伙伴关系，也切实为两国经济发展及国内人民生活水平的提升带来了益处，取得了丰硕的合作发展成果。然而，在两国的合作中，也存在诸多分歧、矛盾和摩擦，包括双边贸易关系、社会制度及价值观念等方面。

第一，中国与澳大利亚双边贸易的不对称问题，主要体现在贸易总量及地位的不对称。在中澳双边贸易总量方面，虽然两国的贸易额度都在不断增长，但同时非均衡性也在不断扩大。尤其是中国对澳大利亚的贸易逆差问题，近年来一直呈现上涨态势。同时，中国和澳大利亚的贸易合作伙伴地位的不同，也反映出两国的不对称问题。自 2009 年起，中国就是澳大利亚最大的海外出口国和进口来源国。而澳大利亚对中国而言，只是同期的第九大出口国和第七大进口来源国。在商品交易结构方面，中国和澳大利亚同样存在较大差异。根据澳大利亚统计局的统计数据显示，澳大利亚对中国的出口商品主要是矿产品、纺织纤维及原料等资源型产品，尤其是矿产品的比重已经达到六成以上。中国对澳大利亚的出口产品主要是以轻工业制成品为主，包括机电产品、纺织品及原料、家居、玩具和杂项制品、贱金属及制品等。而对于劳动密集型的产品，由于中国具有大量的劳动力，因此同等产品中国的价格远低于澳大利亚价格。此外，从商品交易的性质来看，澳大利亚主要进口的是中国劳动密集型轻工业制成品，因此在国际市场上来看具有较强替代性，很容易在其他国家找到替代品。而中国对澳大利亚的进口商品主要是矿产资源，尤其是铁矿石。由于铁矿石属于战略性商品，因此具有极强的消费刚性。但是，中国国内的铁矿石自给量不足，而世界范围内可用于进口的国家也不多，主要有印度、巴西和澳大利亚。而从铁矿石的品质方面来看，只有巴西能和澳大利亚的铁矿石质量相近。但是，考虑到运输成本问题，显然澳大利亚更具有经济效益。同时，日本和韩国也从澳大利亚进口铁矿石，所以澳大利亚不缺国际出口国家，在国际市场中有许多可替代买家，这同样导致中澳双边贸易不对称问题。

第二，中国与澳大利亚的社会制度、意识形态不同，中澳两国在政治、历史及文化等方面存在差异。早在 2003 年，澳大利亚就发布了《外交贸易政策白皮书》，并表明澳大利亚是在亚太地区的西方国家，重点强调了澳大利亚与西方价值观一致。中澳两国在某些领域存在较大的文化冲突。因此，中澳两国关系极不稳定，近年来，中澳贸易摩擦较多。虽然中澳两国在 2015 年完成了《中澳自贸协定》的签订，但澳大利亚不同政党和政府对华的态度和策略存在差异，无疑对中澳两国双边贸易产生负面影响。

第三，澳大利亚对中国的关税壁垒及非关税壁垒问题。中国属于发展中国家，因此按照澳大利亚对发展中国家的优惠特别税率，中国许多出口产品应当享受到相关政策的益处。然而，澳大利亚却对中国的服装、鞋类及纺织品等出口商品征收 10%～25% 的关税，在明面上设置了贸易壁垒。而非关税壁垒主要是技术壁垒，包括：进口商品检验、检疫制度以及频繁的反倾销调查。尤其是在进口商品检疫标准方面，除了要符合政府所规定的标准之外，还要满足不同州的法律及标准。在反倾销方面，澳大利亚政府专门成立了反倾销委员会以保护本国产业发展，并于 2013 年对中国铝制车轮进行反倾销和反补贴调查。同年 5 月，对友发铝业征收 11.7% 反补贴关税等。在 2016 年，由于全球钢铁产能过剩，澳大利亚也实行了贸易保护措施，对进口的钢制商品进行反倾销税，最低 11.7%，最高可达 57%。

四、中国与新西兰贸易发展问题

自 2008 年 10 月 1 日，中国和新西兰自由贸易协定生效以来，中新两国贸易发展迅速，中新双方切实从自由贸易协定中获得了各方肯定。然而，由于中国和新西兰两国地处南北半球，再加上两国的经济发展水平差异。因此，中新两国在执行自由贸易协定时仍会遇到诸多难题。

第一，中新两国主要合作的农业领域仍存在特殊保障措施，产业互补优势难以发挥。《中华人民共和国政府和新西兰政府自由贸易协定》中保留了中国对本国农产品实行特殊保障措施的权力。尤其是对乳制品，中国可具有限制进口量的权力。然而，单从国家贸易角度而言，显然设置特殊保障措施是有违贸易自由化的宗旨，属于人为性增加壁垒。中国设置农业特殊保障措施虽然可在一定时间内使本国农业免受国际农产品的冲击，但是从长远来看却是极不利于本国农业发展。尤其是近年来国内的"毒奶粉"和"毒牛奶"事件，使得国内相关企业形象严重受损，大众对国产奶制品的信任度急剧下滑。而在中国与新西兰奶制品关税未全面放开的情况下，中国与新西兰两国之间在奶制品领域存在较大的灰色区域，私带新西兰奶制品事件频繁发生。对此，新西兰陆续出台了法令禁止这种民间走私行为。然而，对于从新西兰走私奶粉等奶制品的行为不能仅依靠法律来约束，因为在利益的驱使下总有人铤而走险。而防止奶制品民间走私行为最好的方法就是开放中国与新西兰的奶制品关税，实行零关税，让走私新西兰奶源的人无利可图。同时，对于中国奶制品企业而言，如果仅依靠农业特殊保障措施来维护国内奶制品企业利益，显然无法推动我国奶制品产业发展甚至是农业的发展。同样，新西兰对中国也未完全实施开放措施，在部分领域仍然对中国的自由贸易行为设置障碍。例如，在投资领域，两国只规定了禁止在技术和转基因方面的投资，而对于一般性农场或者土地投资只要证明对新西兰有利，便可获得审批，并享受不低于本国投资者所享受的待遇。然而，中国投资方在新西兰却享受到了许多不公平待遇。新方设置各种游离于自由贸易协定之外的政策加以限制，即使中方知道受到了不公平待遇，但仍然无可奈何。

第二，贸易服务方面存在明显缺陷，无法满足自然人的自由移动。新西兰作为发达国家，中国作为发展中国家，两国的自然人流动问题一直具有较大争议。对于新西兰而言，为了保障本国的社会福利、劳动就业等问题，在对中国自然人流动方面进行了严格限制，甚至设定了签证地域歧视。然而，从中新两国的双边自贸区发展角度来看，无论是货物贸易，还是服务贸易都需要人的自由流动来实现发展，显然新西兰对自然人流动的限制会阻碍中新两国贸易发展。

第三，新西兰出口产品单一，以农产品为主，对自然环境依赖较高。新西兰作为一个农业主导发展的国家，其农业发展质量和水平决定了新西兰的发展方向。近年来，新西兰和中国的贸易交易以奶制品为主，其奶制品的质量、产量和价格直接影响中国和新西兰两国的贸易往来。然而，新西兰这种经济发展模式单一的特征致使其对自然环境及全球经济环境依赖较高。例如，2013 年新西兰遭受了 70 年以来最严重的旱灾，导致新西兰奶源同期减少 20%。这对于提供世界 60% 奶源地而言，显然会影响世界奶制品价格的稳定及其贸易伙伴国的贸易稳定。

第四，中国和新西兰社会制度不同，新西兰不同政党对华政策存在差异。新西兰各党派对与中国的贸易合作持有不同态度，有的积极友好，有的抵触反对，政策差异较大，对中新两国自由贸易发展造成不利影响。

第五章

中国与 RCEP 伙伴国贸易效率的实证分析

第一节 随机前沿引力模型

一、随机前沿分析方法

1. 随机前沿分析方法的基本思想

随机前沿引力模型运用生产经济学中的前沿函数的基本思想，定义了双边贸易的最大边界。前沿分析的基本思想是界定非效率因素，传统估计非效率因素的方法是采用基于组合误差的非效率因素的条件平均值，该条件平均值可以看作是产出或收益损失的平均值。选择条件平均值和条件方差主要是因为这些指标可以提供对产出的不确定性或风险的度量，一旦得到条件均值和方差，就可以测算标准误差，并为技术无效率建立置信区间。此外，还可以进行假设检验，当经济主体产出能力接近前沿产出能力时，不仅产出效率会得到提高，而且会降低生产的不确定性，从而将导致更短的置信区间。在给定不同分布假设下产出不确定性的解析表达式的情况下，产出不确定性可以表示为整个组合误差项的单调函数。需要注意的是，上述这种单调性结果在非效率项的不同分布假设下是有效的。此外该方法还是生产不确定性的一种有效度量方法，可以将生产不确定性的研究推广到面板数据模型中。

随机前沿分析，通过将扰动项定义为对称正态和半正态随机变量之和，给出了随机扰动项的一个规范的描述，从而解决在前沿分析中没有充分描述这种模型扰动项的问题，进而考虑具有这种附加干扰项的生产函数系数的极大似然估计的各种特征。有别于估计平均生产函数，前沿分析弥合了理论和实证研究之间的鸿沟。前沿函数的参数估计是一个函数将可能的最大输出作为某些输入函数的过程，基于面板数据，用数学规划的方法来估计参数。若参数函数是线性的，则对参数的估计转化为线性规划问题，以得到残差最小值为约束条件。相应地，以残差平方最小值为约束条件时，对参数的估计则转化为二次规划问题。上述转化过程产生了新的问题，主要表现在为了描述具有相同输入向量的企业之间的产出差异，或者解释给定企业的产出为何位于前沿产出以下，一个非负干扰项隐含地被假设。该方法存在的一个问题是对异常值极其敏感，由此导致所谓的概率边界，概率边界是由上面讨论的相同类型的数学技术估计得到，仅允许特定比例的观测值位于边界之上。但这一比例的选择基本上是由研究者主观决定的，缺乏明确的经济或统计依据。

另一个问题涉及如何处理边界上方的观测值，使其在不破坏前沿边界概念的基础上体现最大可能的产出。通常需要利用极端观测值中的测量误差来实现，对这一问题的改进是将测量误差和其他不可观测冲击出现的概率体现在模型中。正如前面分析的那样，线性规划等方法不能使用已知的统计特性进行估计。因此需要加入单侧扰动项，从而建立符合已有的统计基础的模型。这样在给定随机扰动项的分布特征后，可以通过极大似然技术来估计模型。特别当随机扰动项具有指数分布特征时可以采用线性规划方法，当随机扰动项具有半正态分布特征时，可以采用二次规划方法。因此前沿分析可以被看作是特定误差特征下的极大似然估计。但该方法在实际应用中存在违反极大似然估计所需要的"正则条件"的问题，主要表现为如果观测值小于模型估计值，随机被解释变量的范围取决于要估计的参数，因此，通常的定理不能用来确定参数估计的渐近分布。

2. 随机前沿分析中随机扰动项的主要特征和参数估计

随机前沿分析中随机扰动项的主要特征是将随机扰动项分为两个分量，一个是正态分布，另一个是单侧分布。这一特征的经济逻辑是生产过程会受到两种具有不同特征，从经济意义上可区分的随机干扰。从实践来看，这样的区别极大地促进了对边界的估计和解释。单侧分布的随机扰动项的非正值特征反映了实践中每个企业的产出必须位于或低于其边界。这种偏离可能是公司的管理因素造成的技术和经济效率低下，也可能是企业及其员工的意愿和努力不足造成的产品缺陷和损坏等。但是前沿边界本身可以在不同的经济主体之间随机变化，或者随着时间的推移，同一经济主体的前沿边界也会随机变化。基于上述解释，前沿边界是随机的，随机干扰项表示有利和不利外部因素产生的结果。因此，随机前沿分析在估计产出效率的同时，还可以通过估计随机扰动项的两个分量，来判断其相对大小。产出效率在估计时，主要采用实际观测值与包括非效率因素的估计值的比值来表示，而不是直接采用实际观测值与估计值的比值来表示。采用这种方法可以将造成产出效率低下的因素与经济主体无法控制的其他干扰因素区别开来。对无法控制的干扰因素的解释是由于生产过程中纯粹的随机冲击造成，这些冲击可能是由于粗心大意的管理和生产有缺陷或损坏的产品造成的，或是技术和经济的非效率因素以及数据的测量问题造成的。

随机前沿分析参数的估计，首先需要导出对称正态随机变量和截断正态随机变量之和的分布函数，在随机扰动项的密度函数中，包含标准正态分布密度函数和分布函数，这里概率密度函数描述符合正态分布的随机变量在确定取值附近的可能性。分布函数描述随机变量的概率分布，是随机变量最重要的概率特征。两者之间的关系是分布函数的一阶导数为概率密度函数，其密度在零附近是不对称的，其均值和方差可以通过推导和计算得到。随机扰动项两个分量的方差比是表示这两个随机误差源的相对可变性的指标，这两个随机误差源将不同经济主体区别开来。该值为零时，意味着第一个随机误差分量趋近于无穷大，或第二个随机误差分量趋近于零，表示为在确定随机扰动项时，对称误差占据主导地位，则随机扰动项的密度函数为正态分布密度函数。同样地，当第一个随机误差分量趋近于零，单侧误差成为模型中随机变化的主要来源。对参数的估计为在随机的 N 个观测样本下形成相关的对数似然函数，利用普通的极大似然函数性质，可以同时估计参数值和方差。在此过程中，除了似然函数本身外，还需要分析其一阶或二阶导数。参数均可以得到无偏且一致的估计量。

随机前沿分析法适用于面板数据的线性模型形式，不需要预先判断模型的设定，带有需要以数据拟合某种平均函数或边界函数的特征。但该模型不能直接解释随机误差的来源，因为随机误差可能导致具有相同输入向量的经济主体得到不同结果。特别是存在截距项的时候，截距项本身通过极大似然法难以准确估计。当随机扰动项中的单侧误差分量相对较小时，通常表明研究对象相对于随机前沿，具有较高的效率。

3. 随机前沿分析法主要过程和步骤

随机前沿分析法进行参数的极大似然估计时主要包括三个步骤：一是面板数据的最小二乘回归分析，除截距外的所有参数估计值均是无偏的。二是格点搜索过程，在除常数项外，参数值设定为最小二乘估计值的条件下，对 ρ 进行两阶段格点搜索，并根据修正后的最小二乘函数调整常数项和方差估计值。三是以格点搜索中选择的值作为迭代过程中的起始值，以获得最终的极大似然估计值。

（1）最小二乘回归分析过程。在最小二乘回归分析中，被解释变量为特定时期内对应于研究中的各个国家贸易量的面板数据。解释变量为决定贸易量的非随机变量的观测值，在所求的参数向量中，包括该解释变量对贸易影响的个体效应和时间效应。当个体效应和时间效应是固定的，则回归分析变为固定效应数据回归分析。在参数估计过程中，需要对解释变量施加独立的线性约束。在这种情况下，施加约束的一个有效方法是令个体效应和时间效应的和均为零。但在估计中，由于参数不是简化式模型参数，所以难以获得对个体效应和时间效应的有效估计值。另一种方法是令个体效应和时间效应为随机变量，并引入正确的随机过程。随机系数的引入将大大减少要估计的参数的数量，同时可以保证系数在个体之间的差异和不同的时间上的差异。这一方法在分析面板数据时是非常适用的，因为它允许相应的系数在不同的时间和不同的个体上存在差异，因此在使用面板数据估计参数时是合理的。当模型包含常数项时，误差项包括三个组成部分：第一个部分与个体效应有关，第二个部分与时间效应有关，第三个部分与回归时的交叉项有关。因此，它比误差分量模型更常用，并将误差分量模型作为特例包括在内。参数的最优线性无偏估计值是广义最小二乘估计值。这里可以应用统计方法估计方差和协方差分量。同样可以采用希尔德里斯—霍克随机估计值来估计随机扰动项。在这一个过程中，可以获得方差的估计量。根据相关研究，可以通过一致性比较的方法得到两个方差的简单均值。利用该方法，可以得到平均响应系数，首先根据样本观测值预测个体效应，进而预测时间效应，可以得到每个响应系数，可以得到参数的最优线性无偏估计值。

（2）格点搜索过程。在 ρ 的参数空间进行网格搜索。ρ 值的取值范围从 0 到 1，以 0.1 为增量单位，此增量的大小可以通过更改网格的值来调整。此外，如果变量被设定为 1 而不是 0，则将围绕在第一阶段中获得的值执行第二阶段格点搜索。该阶段格点搜索是阶段 1 获得值的任意一侧，宽度以 1/10 值为增量单位。因此，ρ 的起始值将获得两个小数位的精度，而不是在单相格点搜索中获得的一个小数位的精度。

（3）迭代最大化过程。在该过程中，需要获得模型对数似然函数的一阶偏导数。尽管存在许多梯度法可以获得极大似然估计值，例如牛顿－拉尔夫迭代法，但这些方法需要计算二阶偏导数矩阵，从而增加研究的难度。在采用随机前沿分析方法的实证研究中，采用高斯—牛顿迭代法，只需要导出一阶偏导数向量，从而简化了研究过程，降低了研究难度。高斯—牛顿迭代法不仅在经济计量研究中有广泛的应用，而且适用于随机前沿分析。除非起始值由研究者自行确定，否则在随机前沿分析中，迭代过程将网格搜索提供的参数值作为起始值。参数估计向量将被不断替换，直到出现以下任一情况迭代最大化过程将停止。这些情况包括：一是满足收敛性条件，即如果似然函数和每个参数的比例变化小于 0.00001，则迭代最大化过程结束。二是完成允许的最大迭代次数。在迭代最大化过程结束后，将得到模型参数的极大似然估计值。

二、随机前沿引力模型和贸易效率

1. 随机前沿引力模型的演进

传统的引力模型可以估计贸易决定因素的影响，在贸易的阻碍因素中，距离和贸易壁垒等被看作客观因素，只有一部分能在引力模型中得到控制，但大多数难以量化，因此它们被归为未观测的扰动项中。而主观阻力因素，如不对称和不完善的信息和内部约束，难以在引力模型中得到控制。这里主观阻力因素又被称为心理成本，在全球化进程中，随着移民的增加、交通技术的改进、通信技术的提高以及金融市场的改善，会抵消全球贸易中存在的风险，减少贸易中的不确定性因素的影响。从而逐渐消除上述成本。将随机前沿分析法应用于引力模型，不仅可以处理这些不可观测的贸易阻力因素，而且可以具体估计它们的大小，因此随机前沿引力模型分析方法成为是一种研究双边贸易的合理方法。前述分析表明，随机前沿分析中将随机扰动过程分为两个在经济意义上存在差异且具有不同统计性质的分量，因此，随机前沿引力模型的误差项由一个体现非效率因素的分量和一个体现随机干扰因素的更典型的对称分布特征的分量构成。随机扰动项的分解使分析非效率因素成为可能。类似的观念可应用于分析双边贸易量，在双边贸易关系中，影响贸易的不可观测或难以量化的制度特征和其他阻力因素在随机前沿引力模型中作为减少贸易的非效率因素体现出来，而在传统引力模型中，上述因素仅作为不可观测项。不可测量的干扰使得很难获得对"潜在贸易"的准确估计，因此将随机前沿方法应用于引力模型需要假设全部的贸易限制因素都可以通过非效率因素体现。随机前沿引力模型中引入非负项来体现非效率因素，实际上和在随机前沿生产函数分析中，生产者产出的非效率因素可以通过非效率项来描述一样。传统引力模型中最重要的假设之一是不可观测效应的平均值为零。随机前沿引力模型中假设不可观察的因素减少了双边贸易量，因此与贸易量之间存在负相关关系。促进贸易的政策变量和其他贸易增长措施，如地区贸易协定和双边贸易协定，被认为是减少阻力的因素。

随机前沿引力模型需要研究贸易潜力。这里贸易潜力是指在双边贸易中，一国可以实现的最大可能贸易量，与传统引力模型分析中使用的贸易潜力的概念存在较大的差异，传统引力模型中的贸易潜力主要是双边贸易量的平均值。贸易潜力在特征上与随机前沿分析中描述的前沿边界是一致的，可以分析世界范围内最大限度上无贸易摩擦和自由贸易的情况下，两国双边贸易量的估计值。如前所述，引力模型只包括相对距离来表示阻碍贸易的因素。随机前沿引力模型中存在减少或阻碍贸易的非负干扰项意味着没有国家能够达到贸易前沿边界，这些因素包括始终存在的信息不对称条件下的决策行为、贸易中的不确定性、风险和贸易便利化面临的约束等。跨境贸易将造成两个国家（或地区）的相对价格出现脱节，因为非制度因素和关税、非关税壁垒和不同的监管结构等制度因素在一定程度上会造成不确定性和阻碍双边贸易。因此，这种单侧扰动项测量了实际观测值与前沿边界的距离，可以被称为贸易非效率因素，体现了引力模型中没有描述的贸易阻力因素。因此，随机前沿引力模型在估计前沿边界时需要考虑的贸易阻力因素不仅包括两国的相对距离，还包括是否存在边界效应和使用的语言是否为同一语言等因素。

随机前沿引力模型存在一个随机扰动项，它具有传统引力模型中常见的对称分布特征。这里随机扰动项描述并且区分了双边贸易中未反映的干扰因素与双边贸易关系中特有的干扰因素。与强度分析中以贸易份额作为标准衡量一国贸易水平是否高于或低于平均贸易水平不同，随机前沿引力模型能够准确估计双边贸易关系中存在的贸易阻力因素的多少，而不是仅仅分析是否存在贸易阻力因素，如边界、关税和其他可量化的壁垒等。

随机前沿引力模型的实证研究主要分为两个部分：一是估计贸易前沿边界；二是测算贸易阻力。在研究中包含在传统引力模型中的许多变量仍然适合作为随机前沿引力模型中的变量，因为这些变量更适合用来解释真实贸易和潜在贸易之间的差距。对前沿边界和贸易效率的估计主要使用引力模型中的影响贸易的基本和核心因素，这些因素是建立在引力模型理论推导的基础上，包括以国内生产总值为代表的经济规模、人口、相对距离和其他中短期内无法改变的影响因素，如贸易协议和经济互补性等。研究中将阻碍因素分为人为阻碍因素和自然阻碍因素，与客观阻碍因素和主观阻碍因素相比，人为阻碍因素和自然阻碍因素是从不同视角看待贸易阻碍因素，人为阻碍因素既可以是客观阻碍因素，也可以是主观阻碍因素，自然阻碍因素也是如此。两者的差异是对阻碍的不同概念化。自然阻碍因素主要包括两国之间的相对距离、边界、语言等因素。研究中也可以引入体现互补性的变量，表示贸易国的比较优势。人为阻碍因素主要为政策变量，其中贸易协定为虚拟变量，当两个国家之间存在贸易协定时，该虚拟变量取值为1，当两个国家之间不存在贸易协定时，该虚拟变量取值为 0。在少数研究中，也存在根据贸易协定的差异将其分为不同类型的情况。人为阻碍因素还包括制度性因素以及其他人为阻碍因素。研究可以利用阻碍因素估计贸易的前沿边界，并在第二阶段测算贸易阻力的回归分析中解释影响因素。

2. 随机前沿引力模型的主要变量

在随机前沿引力模型中，贸易依存关系可以用贸易潜力来表示，一国在特定商品的均衡的潜在贸易量取决于一国的国内生产总值、人口和贸易的阻力因素等。实际贸易量与均衡的潜在贸易量密切相关。研究中主要区分两种贸易阻力因素，分别是主观阻力因素，如贸易协定等，和客观阻力因素，如地理距离等。在随机前沿引力模型中，商品价格不作为一个决定因素，因为这种方法研究的是均衡的贸易量，这种贸易量是供求双方相互作用的结果，价格只是一个内生变量。随机前沿引力模型中的主要变量是从供给和需求两个方面来考虑，供给因素主要是从出口国考虑，如其国内生产总值和地理距离等，需求因素主要是从进口国考虑，如其国内生产总值和人口因素等。

（1）国内生产总值。一国的贸易支出可以看作是收入的相对稳定的简化模型，因此收入成为随机前沿引力模型中的重要变量。研究中选择国内生产总值指标而没有选择国民收入等指标，不仅是因为国内生产总值的数据更易获得，而且是因为国内生产总值能够更好地反映每个国家的经济活动总量。同时，国内生产总值在核算中会减去淘汰更换设备的金额，即国内生产总值等于国民收入减去固定资本消耗和统计误差，因此国内生产总值会小于国民收入，用国内生产总值来代替国民收入会增加所有国家的外贸比率，同时不会产生重大变化，更有利于研究需要。

（2）人口规模。通常来看，一国的人口数量越少，该国就越倾向于专门生产一些商品和服务，并且进口剩余所需的大量商品和服务。随着国家人口规模的增长，无论国家之间是否建立贸易联盟或经济联盟，对外贸易比率往往只会适度下降。对于人口规模较小的国家或地区，跨国企业和利益集团将帮助其通过贸易融入更大的经济体中，但一旦人口规模达到 1 亿或 2 亿，与国内力量相比，跨国企业和利益集团的影响会大大降低。随着人口规模接近 5 亿人，这些因素产生的影响可以忽略不计。人口规模与贸易的关系受贸易的消费效应和生产效应影响。如果要素被转移后不能被替代部门使用，那么必然会产生负面的生产效应。根据消费效应是否强于生产效应，人口对贸易的影响可以是正的，也可以是负的。

（3）地理距离。地理距离反映了贸易的运输成本，是一个重要的贸易阻力因素。两地直线距离作为贸易阻力的代理变量，表示贸易阻力中不可观测或无法测量的变量。研究中将地理距离作为影响两国之间贸易量的重要因素。各地区可贸易商品类别在可贸易商品支出总额中所占的份额是运输成本变量的一个确定函数。如果一国和其他国家地理相邻，则由运输和其他成本构成的贸易障碍不会起到很大作用，因此可以预期具有较高的贸易产品比率。除在大多数研究中以两国首都之间的直线距离表示两国之间的地理距离外，还有个别研究采用加权和变量来代表地理距离，需要研究的国家与所有贸易伙伴之间的距离以倒数加权和表示，权重为伙伴国的总出口量。并在数据分析中进行两个调整，一是对距离的倒数进行加权处理时采用对贸易伙伴的出口量进行加权，而不是本国产品进行加权。这样处理的主要依据是一个国家的进口是由部分出口产品而不是其他国家的国内产出构成。还有个别研究中是从经济角度考虑距离而非仅从地理学角度考虑距离，在处理上需要对陆路距离和海上距离进行折算，如海上的四公里等同于陆地一公里的运输成本，在距离测算上将两者等同处理。两国之间货物运输所需的每一次转运都被视为相当于 50 公里的陆地运输等。

（4）贸易协议与关税。贸易协议包括贸易国之间的各种最惠国待遇，该因素会对两国之间的贸易产生积极影响，在大多数研究中，贸易协议被作为虚拟变量处理，如果两国之间签订贸易协议，则该虚拟变量值为1，否则该虚拟变量值为0。也有个别研究中，根据贸易优惠待遇的区别确定不同的权重，例如对硬性目标的贸易协定给予更高的权重，对柔性目标的贸易协议给予相对较低的权重，如给予硬性目标贸易协定权重为1，给予柔性目标贸易协定权重为1/2。还有个别研究中在分析两国之间存在相互贸易优惠待遇时，根据贸易协议对参与国的影响进行加总。没有各种双边贸易优惠协定的国家的权重被设定为0.01，主要是因为变量需要进行对数化处理，因此权重不能为零。研究也指出两国的地理距离和贸易优惠协定之间实际存在正向相关关系，即两国的地理距离越近，则两国从贸易优惠协定中所获得的收益越大。

由于贸易协议中包括重要的关税减让内容，因此在很多研究中，贸易协定因素中包含了关税因素的影响。同时关税弹性也会受到本国国内生产总值的影响。关税弹性与贸易依存度的倒数成正比，而贸易依存度随国内生产总值的增加而增加。在一些研究中关税因素作为独立因素处理，变量中需要体现本国关税的一般水平和贸易国关税的一般水平。从关税对贸易的影响来看，对商品征收关税意味着进口的削减将产生国内扩张性影响或国外抵消性影响，这将对商品和服务贸易产生重要影响。在实证研究中，难以以关税作为独立变量主要是因为关税权重的选择，尽管进口和出口的数据都容易获得，但是用这两个数据中的任何一个来加权都有明显的缺点，进口可能会被关税严重影响，在极端情况下，高关税将阻止进口，从而导致权重为零。尽管出口也会受到关税的影响，但对任何特定国家关税的依赖程度都较低。而确定出口权重时，还需要考虑特定国家的特殊性。从理论上来看，加权体系的确定原则是，在该体系下，每一种商品都被赋予一个系数，这个系数等于它在国际贸易中的价值。权重的确定依据反事实假设，即在没有关税壁垒阻碍的情况下贸易的发展情况。权重的确定需要估计每一类别商品的关税弹性，并调整每一类别商品的进口，估计预期关税弹性和实际关税弹性。但在实证研究中，恒定弹性的假设被改变，同时由于采用线性模型，意味着国内生产总值变化很大的国家之间弹性的变化是不可接受的。同时具有异方差的线性误差项虽然在理论上具有一定的解释力，但由于实证中存在不确定性而难以采用。

（5）要素禀赋。要素禀赋的差异可以解释初级产品贸易，而制成品贸易并不能通过要素禀赋的差异来解释，这也是在随机前沿引力模型中，要素禀赋作为解释变量往往不显著的主要原因。在开放经济条件下，因为要素禀赋不同而造成的生产要素价格差异会通过生产要素的国际流动以及商品和服务的国际流动使生产要素价格趋向于均等。前者使生产要素价格在国家间直接趋于一致，后者使生产要素价格在国家间间接趋向于一致。一国在某些商品上形成有利出口的主要影响因素是拥有强大的国内需求。而强大的国内需求有利于该行业保持在规模经济水平上进行生产，降低生产成本使商品具有国际竞争优势，并有利于企业开发出更先进的技术。因此与国内市场规模和技术水平相比，要素禀赋充裕程度对贸易影响的重要性大为降低。如果贸易中扩大的不是具有要素禀赋优势的产业，贸易也不会使一国丰富的要素资源变成稀缺资源。例如具有不同人均收入水平的工业化国家，通常具有相似的教育、卫生和技术水平，而且这些国家的产业结构具有较强的重叠性。在实证研究中，资源禀赋的变量表示为该国自身资源禀赋与该国所处贸易环境的平均资源禀赋的函数，需要区分大量使用该资源作为生产要素的商品和使用最少该资源作为生产要素的商品。对资源变量系数的一个可能的约束来自同质性假设，该假设确定弹性系数之和为零。也就是说如果将所有资源禀赋加倍，除了已经包含在国内生产总值变量中的规模效应外，不会对商品构成产生影响。这里，相关变量是资本劳动比，而不是分离的资本与劳动。根据贸易要素供给比例理论，传统资源变量由物资资本和劳动构成，除物资资本和劳动外，人力资本也是重要影响因素，一些研究中将劳动力变量分解为若干技能人群，由于缺乏一个关于技能群体的完整和适当的数据来源，人力资本通常由国家教育支出作为替代指标来表示。同样，研究中使用国家研发支出作为与"新技术"贸易理论相关的知识资本的替代指标。

3. 随机前沿引力模型对贸易效率的研究

如前文所述，贸易潜力是指在没有贸易限制的情况下，两个国家之间可能发生的最大贸易量。然而，在实际中，很难假设两个国家之间的贸易不会受到任何限制。因此，对国家间贸易潜力的实证研究通常需要做如下处理。在影响国家间贸易量的因素相同的情况下，影响贸易量的因素系数的大小主要取决于两个国家之间对贸易施加的限制的程度。贸易限制较少的国家与贸易限制较多的国家相比，其影响贸易量因素的参数值更大。例如两个国家之间拥有自由贸易协定时，这两个国家之间的贸易限制相对较少，影响贸易流量因素的参数估计值将会更高，相反没有自由贸易协定的国家之间影响其贸易流量因素的参数估计值将更低。因此每一个响应系数的最大值和模型的截距项构成了随机前沿引力模型中贸易潜力的系数，表示最大可能的贸易量。为了进一步说明上述关系，随机前沿引力模型中产生最大贸易潜力的参数估计量，应满足所研究的国家对贸易实行较少限制这一条件。这些是从各个响应系数中获得的，这些响应系数随观测值的变化而变化。当依据上述条件确定响应系数后，两个国家之间在贸易限制较少条件下的最大可能贸易量可以通过随机前沿引力模型确定，进而两个国家之间的贸易效率可以界定为真实贸易量与潜在贸易量的比值，该值介于 0~1 之间。通过贸易效率的变化可以判断中国与 RCEP 伙伴国之间的贸易限制条件的变化，贸易效率值提高说明中国与 RCEP 伙伴国之间的贸易壁垒或其他限制贸易的因素的影响在减弱，反之说明中国与 PCEP 伙伴国之间的限制贸易因素的影响在加强。

第二节 实证分析

一、模型设定

1. 模型推导

传统引力模型的一个重要特点是它表示建立在平均值基础上的贸易影响因素与贸易量之间的关系。而随机前沿引力模型研究主要关注确定最佳绩效边界和个体观测数据与最佳边界之间的距离。随机前沿引力模型与传统引力模型的主要区别在于前者有两个误差项：一个是考虑贸易非效率因素，另一个是考虑贸易变量的测量误差等其他因素。具体表现为随机前沿引力模型中包含平均值为零的随机误差以及体现两国之间贸易效率的非负随机变量。这里随机误差被假设为独立同分布的具有零均值的正态分布随机变量。体现贸易效率的非负随机变量被假设具有半正态分布或指数分布。在模型中，贸易量的观测值被随机函数的预期值所限定，随机扰动项解释了贸易的随机变化。随机前沿引力模型根据贸易量的对数定义，贸易效率表示为实际贸易量与潜在贸易量之比。随机前沿引力模型有利于识别影响双边贸易量的重要因素，假设模型为 $X + f(T)$，其中 X 是中国的双边贸易量，T 是解释变量的向量。在垂直轴 X 和水平轴 T 上，传统的估计函数可以表示为连续曲线 $f(X)$，实际观测结果将散落在这条曲线上。从估算结果可以预测，如果中国和贸易伙伴解释变量为 $T1$，中国和那个国家的双边贸易是 Xl。以平均贸易量来表示是非常重要的，但平均值难以显示不同观测结果的绩效。即使通过引入虚拟变量来研究特定双边贸易群体，也难以对单个国家的贸易绩效进行研究。在实际观测变量中，经常具有相同解释变量但差异很大的贸易量数据。

引入随机前沿分析法后，令 $Y_i = f(X_i; \beta) + \varepsilon_i$ $i = 1, \cdots, N$

$$(5.1)$$

其中，Y_i 表示在现有投入量下能够获得的最大产出，X_i 表示投入变量构成的向量，β 表示待估计的向量参数。$\varepsilon_i \leqslant 0$

其约束条件为：$\min \sum | Y_i - f(x_i; \beta) |$ 且 $Y_i \leqslant f(x_i; \beta)$ (5.2)

如前分析所述，随机前沿分析法中随机扰动项由两部分构成，可以表示为：

$$\varepsilon_i = v_i + u_i \quad i = 1, \cdots, N \qquad (5.3)$$

v_i 为独立同分布，符合 $N(0, \delta^2)$ 正态分布的随机扰动项；u_i 为独立于 v_i，且满足于 $u_i \leqslant 0$ 的单边分布的随机扰动项。

随机扰动项 ε 密度函数为：

$$f(\varepsilon) = \frac{2}{\sigma} f^* \left(\frac{\varepsilon}{\sigma} \right) \left[1 - F^* (\varepsilon \rho \sigma^{-1}) \right] \qquad (5.4)$$

其中，$\sigma^2 = \sigma_u^2 + \sigma_v^2$，$\rho = \dfrac{\sigma_u}{\sigma_v}$，$f^*$ 和 F^* 分别为标准正态密度函数和分布函数。

基于上述随机前沿分析法，随机前沿引力模型可设定为：

$$Y_{ij} = f(X; \beta) \exp (v_{ij} - u_{ij}) \qquad (5.5)$$

其中，Y_{ij} 表示 i 国对 j 国的出口额，X 为影响因素构成的向量，β 表示待估计的向量参数。v_{ij} 表示均值为零的随机扰动项，u_{ij} 表示非负的随机扰动项，与 i 和 j 两国贸易效率有关。随机扰动项 v_{ij} 是独立同分布均值为零，方差为 σ_v^2 的正态随机变量。随机扰动项 u_{ij} 具有半正态分布或指数分布。

在模型中，观测样本值以随机量 $f(X; \beta) + v_{ij}$ 为上界，v_{ij} 解释了贸易量的随机变化，则由 i 国向 j 国出口的贸易效率可以被设定为：

$$TE_{ij} = \frac{\exp [Y_{ij}]}{\exp [f(X; \beta)] + v_{ij}} = \exp [-u_{ij}] \qquad (5.6)$$

2. 出口模型

在实证研究中，结合前述章节中的影响因素分析，随机前沿引力出口模型可以被设定为：

$$\ln FEX_{ij} = a_0 + a_1 \ln GDP_i + a_2 \ln GDP_j + a_3 \ln POP_i + a_4 \ln POP_j$$
$$+ a_5 \ln DIS_{ij} + a_6 AGR_{ij} + a_7 COM_{ij} + (v_{ij} - u_{ij}) \qquad (5.7)$$

其中，FEX_{ij} 表示 i 国对 j 国的出口额，GDP_i 表示出口国的国内生产总值，GDP_j 表示进口国的国内生产总值，POP_i 表示出口国的人口规模，POP_j 表示进口国的人口规模，DIS_{ij} 表示进口国和出口国之间的距离，AGR_{ij} 表示两国之间贸易协定的虚拟变量，COM_{ij} 表示反映出口国和进口国资源要素禀赋互补程度的指数。

3. 进口模型

在实证研究中，结合前述章节中的影响因素分析，随机前沿引力进口模型可以被设定为：

$$\ln FIM_{ij} = b_0 + b_1 \ln GDP_i + b_2 \ln GDP_j + b_3 \ln POP_i + b_4 \ln POP_j$$
$$+ b_5 \ln DIS_{ij} + b_6 AGR_{ij} + b_7 COM_{ij} + (v_{ij} - u_{ij}) \qquad (5.8)$$

其中，FIM_{ij} 表示 i 国对 j 国的进口额，GDP_i 表示进口国的国内生产总值，GDP_j 表示出口国的国内生产总值，POP_i 表示进口国的人口规模，POP_j 表示出口国的人口规模，DIS_{ij} 表示进口国和出口国之间的距离，AGR_{ij} 表示两国之间贸易协定的虚拟变量。COM_{ij} 表示反映出口国和进口国资源要素禀赋互补程度的指数。

4. 进出口模型

在实证研究中，结合前述影响因素分析，随机前沿引力进出口模型可以被设定为：

$$\ln FT_{ij} = c_0 + c_1 \ln GDP_i + c_2 \ln GDP_j + c_3 \ln POP_i + c_4 \ln POP_j$$
$$+ c_5 \ln DIS_{ij} + c_6 AGR_{ij} + c_7 COM_{ij} + (v_{ij} - u_{ij}) \qquad (5.9)$$

其中，FT_{ij} 表示 i 国对 j 国的进出口额，GDP_i 表示中国的国内生产总值，GDP$_j$ 表示 RCEP 伙伴国的国内生产总值，POP$_i$ 表示中国的人口规模，POP$_j$ 表示 RCEP 伙伴国的人口规模，DIS$_{ij}$ 表示进口国和出口国之间的距离，AGR$_{ij}$ 表示两国之间贸易协定的虚拟变量。COM$_{ij}$ 表示反映出口国和进口国资源要素禀赋互补程度的指数。

二、数据来源

本书选取包括中国在内的 RCEP 伙伴国共 15 个国家 2008～2018 年的数据，其中贸易流量数据为中国对日本、韩国、新西兰、澳大利亚、新加坡、泰国、越南、菲律宾、缅甸、马来西亚、印度尼西亚、老挝、柬埔寨、文莱等国的出口额、进口额和进出口总额，数据来源于 2010～2019 年《中国统计年鉴》。

1. 中国对 RCEP 伙伴国的贸易额

（1）中国对 RCEP 伙伴国的出口总额（见表 5 - 1）。

表 5 - 1　　　　**2009～2018 年中国对 RCEP 伙伴国的出口总额**　　单位：亿美元

国家	2009 年	2010 年	2011 年	2012 年	2013 年
日本	978. 68	1210. 43	1482. 70	1516. 22	1501. 32
韩国	536. 70	687. 66	829. 20	876. 78	911. 65
新西兰	20. 85	27. 65	37. 37	38. 65	41. 32
澳大利亚	206. 42	272. 20	339. 10	377. 28	375. 54
新加坡	300. 52	323. 47	355. 70	407. 42	458. 32
泰国	132. 86	197. 41	256. 95	311. 96	327. 18
越南	162. 98	231. 02	290. 90	342. 08	485. 86
菲律宾	85. 91	115. 40	142. 55	167. 31	198. 68
缅甸	22. 54	34. 76	48. 22	56. 74	73. 39
马来西亚	196. 32	238. 02	278. 86	365. 25	459. 31

国家	2009 年	2010 年	2011 年	2012 年	2013 年
印度尼西亚	147.21	219.54	292.17	342.83	369.30
老挝	3.77	4.84	4.76	9.34	17.23
柬埔寨	9.07	13.47	23.15	27.08	34.10
文莱	1.40	3.68	7.44	12.52	17.04
国家	2014 年	2015 年	2016 年	2017 年	2018 年
日本	1493.91	1356.16	1294.10	1372.59	1470.49
韩国	1003.33	1012.86	937.29	1027.04	1087.56
新西兰	47.38	49.19	47.68	51.00	57.75
澳大利亚	391.46	403.07	373.27	414.38	473.30
新加坡	489.11	519.42	445.12	450.19	490.37
泰国	342.89	382.91	371.95	385.42	428.79
越南	637.30	660.17	611.04	716.17	838.77
菲律宾	234.74	266.71	298.43	320.66	350.37
缅甸	93.68	96.51	81.89	89.48	105.48
马来西亚	463.53	439.80	376.72	417.72	453.76
印度尼西亚	390.60	343.42	321.26	347.57	431.91
老挝	18.39	12.26	9.87	14.19	14.54
柬埔寨	32.75	37.63	39.30	47.83	60.08
文莱	17.47	14.07	5.11	6.38	15.92

资料来源：2010~2019 年《中国统计年鉴》。

（2）中国对 RCEP 伙伴国的进口总额（见表 5-2）。

表 5-2　　　　**2009~2018 年中国对 RCEP 伙伴国的进口总额**　　　单位：亿美元

国家	2009 年	2010 年	2011 年	2012 年	2013 年
日本	1309.15	1767.36	1945.64	1778.34	1622.45

国家	2009 年	2010 年	2011 年	2012 年	2013 年
韩国	1025.45	1383.49	1627.06	1687.38	1830.73
新西兰	24.78	37.63	49.81	58.10	82.53
澳大利亚	394.88	611.22	826.73	846.18	989.54
新加坡	178.04	247.29	281.40	285.31	300.65
泰国	249.05	331.96	390.39	385.55	385.23
越南	47.48	69.85	111.18	162.31	168.92
菲律宾	119.48	162.22	179.92	196.44	181.82
缅甸	6.46	9.67	16.80	12.98	28.57
马来西亚	323.36	504.47	621.37	583.07	601.53
印度尼西亚	136.68	207.97	313.37	319.51	314.24
老挝	3.75	6.01	8.25	7.87	10.10
柬埔寨	0.37	0.94	1.84	2.15	3.64
文莱	2.82	6.64	5.67	3.73	0.90
国家	2014 年	2015 年	2016 年	2017 年	2018 年
日本	1629.21	1429.03	1456.71	1657.94	1806.61
韩国	1901.09	1745.06	1589.75	1775.53	2046.43
新西兰	95.06	65.84	71.41	93.91	110.83
澳大利亚	976.31	735.10	708.95	950.09	1058.11
新加坡	308.29	275.81	260.14	342.49	337.28
泰国	383.32	371.69	385.32	415.96	446.30
越南	199.06	298.32	371.72	503.75	639.56
菲律宾	209.84	189.66	173.96	192.39	206.12
缅甸	156.01	54.49	40.98	45.26	46.84
马来西亚	556.52	532.77	492.70	544.26	632.05
印度尼西亚	244.85	198.86	214.14	285.74	341.50
老挝	17.78	15.47	13.59	16.05	20.18
柬埔寨	4.83	6.67	8.31	10.08	13.77
文莱	1.90	1.01	2.22	3.52	2.48

资料来源：2010～2019 年《中国统计年鉴》。

（3）中国对 RCEP 伙伴国的进出口总额（见表 5-3）。

表 5-3　　　2009~2018 年中国对 RCEP 伙伴国的进出口总额　单位：亿美元

国家	2009 年	2010 年	2011 年	2012 年	2013 年
日本	2287.83	2977.80	3428.34	3294.56	3123.78
韩国	1562.15	2071.15	2456.26	2564.15	2742.38
新西兰	45.64	65.27	87.18	96.75	123.85
澳大利亚	601.30	883.42	1165.83	1223.46	1365.08
新加坡	478.56	570.76	637.10	692.73	758.96
泰国	381.91	529.37	647.34	697.51	712.41
越南	210.45	300.86	402.08	504.39	654.78
菲律宾	205.39	277.62	322.47	363.75	380.50
缅甸	29.00	44.42	65.01	69.72	101.96
马来西亚	519.68	742.49	900.23	948.32	1060.83
印度尼西亚	283.89	427.50	605.55	662.34	683.55
老挝	7.52	10.85	13.01	17.21	27.33
柬埔寨	9.44	14.41	24.99	29.23	37.73
文莱	4.22	10.32	13.11	16.26	17.94
国家	2014 年	2015 年	2016 年	2017 年	2018 年
日本	3123.12	2785.19	2750.81	3030.53	3277.09
韩国	2904.42	2757.92	2527.03	2802.57	3133.99
新西兰	142.43	115.03	119.09	144.91	168.58
澳大利亚	1367.77	1138.17	1082.22	1364.7	1531.41
新加坡	797.40	795.23	705.26	792.69	827.64
泰国	726.21	754.60	757.27	801.38	875.08
越南	836.36	958.49	982.76	1219.92	1478.33
菲律宾	444.58	456.36	472.39	513.05	556.48
缅甸	249.69	151.00	122.86	134.75	152.32
马来西亚	1020.06	972.58	869.41	961.38	1085.81

续表

国家	2014 年	2015 年	2016 年	2017 年	2018 年
印度尼西亚	635.45	542.28	535.40	633.32	773.41
老挝	36.17	27.73	23.47	30.24	34.72
柬埔寨	37.58	44.30	47.61	57.91	73.84
文莱	19.37	15.09	7.33	9.89	18.39

资料来源: 2010~2019 年《中国统计年鉴》。

2. 中国与 RCEP 伙伴国的国内生产总值与总人口

（1）国内生产总值。国内生产总值和总人口数据来源于 2010~2019 年《中国统计年鉴》，其原始数据来源于世界银行 WDI 数据库和国际货币基金组织数据库。个别缺失数据根据《中国统计年鉴》标注的数据来源补充，2013 年中国和 RCEP 伙伴国的人口数据根据世界银行数据库资料补充。2013~2015 年缅甸国内生产总值、2014 年新西兰国内生产总值、2009 年老挝、柬埔寨和文莱的国内生产总值数据根据国际货币基金组织数据库补充（见表 5-4）。

表 5-4　　2009~2018 年中国和 RCEP 伙伴国的国内生产总值　单位：亿美元

国家	2009 年	2010 年	2011 年	2012 年	2013 年
中国	49090	58783	72982	82270	92403
日本	50681	54589	58695	59640	49015
韩国	8325	10071	11163	11559	13046
新西兰	1178	1404	1619	1697	1826
澳大利亚	9972	12355	14882	15418	15606
新加坡	1771	2227	2598	2765	2979
泰国	2639	3189	3456	3656	3873
越南	924	1036	1227	1381	1714

国家	2009 年	2010 年	2011 年	2012 年	2013 年
菲律宾	1610	1887	2131	2504	2720
缅甸	276	430	519	531	546
马来西亚	1915	2380	2787	3035	3124
印度尼西亚	5394	7067	8457	8782	8683
老挝	65	63	79	92	111
柬埔寨	104	116	129	142	152
文莱	116	130	155	166	161
国家	2014 年	2015 年	2016 年	2017 年	2018 年
中国	103601	108664	111991	122377	136082
日本	46015	41233	49394	48721	49709
韩国	14104	13779	14112	15308	16194
新西兰	1803	1738	1850	2059	2050
澳大利亚	14538	13395	12046	13234	14322
新加坡	3079	2927	2970	3239	3642
泰国	3738	3953	4068	4552	5050
越南	1862	1936	2026	2239	2450
菲律宾	2846	2920	3049	3136	3309
缅甸	616	655	674	693	712
马来西亚	3269	2962	2964	3145	3544
印度尼西亚	8885	8619	9323	10155	10422
老挝	118	123	159	169	181
柬埔寨	167	181	200	222	246
文莱	173	155	114	121	136

资料来源：2010～2019 年《中国统计年鉴》。

（2）总人口数（见表 5 - 5）。

表 5 - 5　　　　2009 ~ 2018 年中国和 RCEP 伙伴国的人口数　　单位：万人

国家	2009 年	2010 年	2011 年	2012 年	2013 年
中国	133146	133830	134735	135070	135738
日本	12756	12745	12782	12756	12745
韩国	4875	4888	4978	5000	5043
新西兰	432	437	441	443	444
澳大利亚	2187	2230	2232	2268	2313
新加坡	499	508	518	531	540
泰国	6687	6720	6751	6784	6814
越南	8728	8693	8784	8878	8980
菲律宾	9198	9326	9485	9671	9887
缅甸	5025	5060	5099	5141	5185
马来西亚	2747	2840	2886	2924	2947
印度尼西亚	22996	23987	24233	24686	25181
老挝	632	620	629	644	654
柬埔寨	1481	1414	1431	1486	1503
文莱	40	40	41	41	41
国家	2014 年	2015 年	2016 年	2017 年	2018 年
中国	136427	137122	137867	138640	139273
日本	12713	12696	12699	12679	12653
韩国	5042	5062	5125	5147	5164
新西兰	451	460	469	479	489
澳大利亚	2349	2378	2413	2460	2499
新加坡	547	554	561	561	564
泰国	6843	6871	6886	6904	6943
越南	9073	9170	9270	9554	9554
菲律宾	10010	10070	10332	10492	10665

续表

国家	2014 年	2015 年	2016 年	2017 年	2018 年
缅甸	5228	5268	5289	5337	5371
马来西亚	3019	3033	3119	3162	3153
印度尼西亚	25281	25756	26112	26399	26766
老挝	664	674	676	686	706
柬埔寨	1541	1558	1576	1601	1625
文莱	42	42	42	43	43

资料来源：世界银行 WDI 数据库。

（3）地理距离。地理距离主要根据中国与 RCEP 伙伴国首都之间的直线距离测算得到，数据来源于 DistancesCalulator. com 的软件测算模块。该模块主要提供两个距离，一是两国首都之间的直线距离，二是两国首都之间的航线距离，在相关研究中，地理距离主要选择两国首都之间的直线距离。但也存在个别研究中选择两国首都之间的航线距离和经过陆路与水路折算后的两国首都之前的直线距离进行分析。Distances-Calulator. com 软件测算模块得到两国首都之间直线距离以英里来表示，在研究中被折算成以公里来表示（见表 5 - 6）。

表 5 - 6 　　　　　　　　中国与 RCEP 伙伴国之间的距离 　　　　　单位：公里

日本	韩国	新西兰	澳大利亚	新加坡	泰国	越南
2105	956	10781	7770	4477	3294	2326
菲律宾	缅甸	马来西亚	印度尼西亚	老挝	柬埔寨	文莱
2850	2955	4347	5217	2778	3351	3896

资料来源：www. DistancesCalulator. com。

（4）贸易协定与相对要素禀赋。中国与 RCEP 伙伴国之间的贸易协定为虚拟变量，两国签订自由贸易协定则该虚拟变量值为 1，两国没有签订自由贸易协定则该虚拟变量值为 0。资料来源于中国自由贸易区服务网（见表 5 – 7）。

表 5 – 7   中国与 RCEP 伙伴国已签订贸易协定情况

国家	贸易协定	签订时间
日本	—	—
韩国	《中国—韩国自由贸易协定》	2015 年 6 月
新西兰	《中国—新西兰自由贸易协定》	2008 年 4 月
澳大利亚	《中国—澳大利亚自由贸易协定》	2015 年 6 月
新加坡	《中国—东盟全面经济合作框架协议》	2004 年 11 月
	《中国—新加坡自由贸易协定》	2008 年 10 月
泰国	《中国—东盟全面经济合作框架协议》	2004 年 11 月
越南	《中国—东盟全面经济合作框架协议》	2004 年 11 月
菲律宾	《中国—东盟全面经济合作框架协议》	2004 年 11 月
缅甸	《中国—东盟全面经济合作框架协议》	2004 年 11 月
马来西亚	《中国—东盟全面经济合作框架协议》	2004 年 11 月
印度尼西亚	《中国—东盟全面经济合作框架协议》	2004 年 11 月
老挝	《中国—东盟全面经济合作框架协议》	2004 年 11 月
柬埔寨	《中国—东盟全面经济合作框架协议》	2004 年 11 月
文莱	《中国—东盟全面经济合作框架协议》	2004 年 11 月

资料来源：fta. mofcom. gov. cn。

实证研究中，中国与 RCEP 伙伴国之间的相对要素禀赋主要通过构建反映资源互补性的指数来体现，以反映相对要素禀赋在鼓励或抑制贸易国之间贸易流动中的作用，该指数表示为：

$$\mathrm{COM}_{ij} = \frac{1}{\sum\limits_{k=1}^{3} \left[S_{ij}^{k} \times \left(\dfrac{E_i^k}{\sum\limits_{n=1}^{3} E_i^n} \right) \times \left(\dfrac{E_j^k}{\sum\limits_{n=1}^{3} E_j^n} \right) \right]} \qquad (5.10)$$

其中，S_{ij}^k 表示 k 种资源密集型产品在 i 国到 j 国的出口总额中所占的份额，E_i^k 表示出口国第 k 种要素禀赋的指数，E_j^k 表示进口国第 k 种要素禀赋的指数，上述指数是以世界该种要素禀赋的平均水平为 100 进行折算的。通过上述公式可以判定，如果两个国家都拥有相对丰裕的同一种资源，例如劳动力，而其他国家劳动力稀缺，在劳动密集型产品成为占主导地位的贸易商品时，可以预期分母中会出现一个相对较高的数值。这意味着该指数值会较小，说明两国之间的要素禀赋不具有互补性。各个国家要素禀赋的数量主要参考对要素禀赋和贸易模式综合研究得到的结果，在研究中资源被综合归纳为资本、劳动力和矿产三类资源。需要注意的是以往的实证研究中，要素禀赋作为解释变量在随机前沿引力模型的参数估计中并不显著。

三、实证研究结果

研究中采用 Frontier 4.1 测量软件进行实证分析，该软件是进行随机前沿分析的主要工具，其对参数的估计是建立在极大似然估计基础上，实证研究采用 Frontier 4.1 测量软件对随机前沿引力模型进行估计，并测算中国与 RCEP 伙伴国之间贸易效率值。在此过程中，需要以下三个方面进行检验：一是对是否引入贸易协定因素进行检验；二是对是否引入出口国和进口国资源要素禀赋互补程度进行检验；三是对贸易非效率项进行检验。研究结果显示，模型接受了随机前沿方法的假设条件，即存在贸易非效率项，且随时间变化而变化。模型接受了引入贸易协定因素的检验，但没有接受引入出口国和进口国资源要素禀赋互补程度因素的检验，这是因为要素禀赋的差异可以解释初级产品贸易。但制成品贸易并不能通过要素禀赋的差异来解释，主要是由于现代技术的快速发展使制造业生产对原材料和燃料的产地依赖性大为减弱。另一个原因是存在潜在的国内市场。与国外企业家相比，国内企业家对国内市场更熟悉，更可能准确地发现国内市场的需求。同样地开发的新发明也将更适应国内市场的需求。因此在模型中剔除了表示两国资源要素禀赋互补程度因素的变量。

（1）出口模型修正为：

$$\ln FEX_{ij} = a_0 + a_1 \ln GDP_i + a_2 \ln GDP_j + a_3 \ln POP_i + a_4 \ln POP_j$$
$$+ a_5 \ln DIS_{ij} + a_6 AGR_{ij} + (v_{ij} - u_{ij}) \qquad (5.11)$$

其中，FEX_{ij} 表示 i 国对 j 国的出口额，GDP_i 表示出口国的国内生产总值，GDP_j 表示进口国的国内生产总值，POP_i 表示出口国的人口规模，POP_j 表示进口国的人口规模，DIS_{ij} 表示进口国和出口国之间的距离，AGR_{ij} 是表示两国之间贸易协定的虚拟变量。根据随机前沿引力模型分析的主要步骤，初始回归分析结果如表 5 - 8 所示。

表 5 - 8   随机前沿引力模型初始回归估计结果

项目	系数	t 值
常数项	151.55 ***	2.36
$\ln GDP_i$	1.88 ***	3.17
$\ln GDP_j$	0.83 ***	18.42
$\ln POP_i$	- 31.14 ***	- 2.39
$\ln POP_j$	0.10 ***	2.42
$\ln DIS_{ij}$	- 0.60 ***	- 6.32
ARG_{ij}	0.33 ***	4.17
σ^2	0.055	
对数似然值	8.49	

注：*** 表示在 1% 的水平上显著。

从面板数据分析结果来看，各变量均较为显著，进口国与出口国的国内生产总值与出口贸易量均存在正向相关关系，进口国的人口与出口贸易量存在正向相关关系，体现了需求方的影响。地理距离与出口贸易量存在负相关关系，与前面分析一致，出口国的人口与出口贸易量存在负相关关系，与人口规模提高会增加经济内向化程度的推断一致，在大量的相关研究如王领（2019）、陈珊（2019）、程云杰（2019）等的研究中，均证明了出口国的人口与出口贸易量存在上述负相关关系。贸易协定与贸易量存在的正向相关关系，体现了贸易协定对贸易出口的促进作用。

随机前沿引力模型的 MLS 估计结果如下表 5 - 9 所示。

表 5 - 9　　　　　　　　　随机前沿引力模型 MLS 估计结果

项目	系数	t 值
常数项	153. 61 ***	32. 26
$\ln GDP_i$	2. 06 ***	22. 22
$\ln GDP_j$	0. 75 ***	7. 93
$\ln POP_i$	- 31. 66 ***	- 31. 33
$\ln POP_j$	0. 07 ***	7. 11
$\ln DIS_{ij}$	- 0. 57 ***	- 6. 17
ARG_{ij}	0. 03	- 0. 52
σ^2	0. 23	
ρ	0. 97	
对数似然值	110. 19	
LR 统计量	203. 39	

注：*** 表示在 1% 的水平上显著。

表 5 - 9 显示，ρ 值为 0. 97，意味着极为显著。

根据模型参数估计结果和贸易效率的计算公式，可以计算中国作为出口国与 RCEP 伙伴国之间的贸易效率。

$$TE_{ij} = \frac{\exp\left[\,FEX_{ij}\,\right]}{\exp\left[\,f(X;\ \beta)\,\right] + v_{ij}} = \exp\left[\,-u_{ij}\,\right] \tag{5.12}$$

表 5 – 10   中国作为出口国与 RCEP 伙伴国的贸易效率

伙伴国	中国作为出口国	伙伴国	中国作为出口国
日本	0.47	菲律宾	0.57
韩国	0.56	缅甸	0.60
新西兰	0.48	马来西亚	0.80
澳大利亚	0.55	印度尼西亚	0.50
新加坡	0.95	老挝	0.48
泰国	0.63	柬埔寨	0.68
越南	0.91	文莱	0.50

中国作为出口国与 RCEP 伙伴国的贸易效率的最高值为 0.95，最低值为 0.47（见表 5 – 10 所示），平均值为 0.62。

由随机前沿引力模型结果可见，ρ 值接近于 1，意味着存在非效率项，且在随机扰动项中，非效率项的影响大于外部冲击的影响。贸易非效率项包括两种因素，一是人为阻力因素，主要与各种政策有关。政策因素主要包括两个方面，一方面是本国政府采取的关税政策等，另一方面是本国对其他国家的引资政策等。二是自然阻力因素，主要表现为是否使用共同的语言，是否存在共同边界等因素。

（2）进口模型修正为：

$$\ln FIM_{ij} = b_0 + b_1 \ln GDP_i + b_2 \ln GDP_j + b_3 \ln POP_i + b_4 \ln POP_j$$
$$+ b_5 \ln DIS_{ij} + b_6 AGR_{ij} + (v_{ij} - u_{ij}) \tag{5.13}$$

其中，FIM_{ij} 表示 i 国对 j 国的进口额，GDP_i 表示进口国的国内生产总值，GDP_j 表示出口国的国内生产总值，POP_i 表示进口国的人口规模，POP_j 表示出口国的人口规模，DIS_{ij} 表示进口国和出口国之间的距离，AGR_{ij} 是表示两国之间贸易协定的虚拟变量。根据随机前沿引力模型分析的主要步骤，初始回归分析结果如下表 5-11 所示。

表 5-11　　　　　　随机前沿引力模型初始回归估计结果

项目	系数	t 值
常数项	60. 96 **	1. 72
$\ln GDP_i$	0. 73 **	1. 90
$\ln GDP_j$	1. 20 ***	19. 74
$\ln POP_i$	- 12. 63 ***	- 2. 72
$\ln POP_j$	0. 029 *	1. 54
$\ln DIS_{ij}$	- 0. 51 ***	- 3. 96
ARG_{ij}	0. 37 ***	3. 48
σ^2	0. 10	
对数似然值	34. 09	

注：***、**、*分别表示在 1%、5% 和 10% 的水平上显著。

从初始回归分析结果来看，各变量均较为显著，进口国与出口国的国内生产总值、进口国的人口与进口贸易量均存在正向相关关系，地理距离和出口国的人口与进口贸易量存在负相关关系，与前面分析一致。贸易协定与进口贸易量存在的正向相关关系，体现了贸易协定对贸易进口的促进作用。

随机前沿引力模型的 MLS 估计结果如表 5-12 所示。

表 5-12　　　　　　随机前沿引力模型 MLS 估计结果

项目	系数	t 值
常数项	61. 30 ***	61. 65
$\ln GDP_i$	0. 75 **	1. 89

续表

项目	系数	t 值
$\ln GDP_j$	1.24*	1.32
$\ln POP_i$	-12.61***	15.16
$\ln POP_j$	0.03***	3.12
$\ln DIS_{ij}$	-0.48***	5.22
ARG_{ij}	0.02	0.23
σ^2	0.26	
ρ	0.86	
对数似然值	26.99	
LR 统计量	118.17	

注：***、**、*分别表示在1%、5%和10%的水平上显著。

表5-12 显示，ρ 值为 0.86，接近 1，较为显著。

根据模型参数估计结果和贸易效率的计算公式，可以计算中国作为进口国与 RCEP 伙伴国之间的贸易效率。

$$TE_{ij} = \frac{\exp\left[FIM_{ij}\right]}{\exp\left[f(X;\beta)\right] + v_{ij}} = \exp\left[-u_{ij}\right] \quad (5.14)$$

中国作为进口国与 RCEP 伙伴国的贸易效率的最高值为 0.96，最低值为 0.33（见表5-13 所示），平均值为 0.65。

表5-13　　　中国作为进口国与 RCEP 伙伴国的贸易效率

伙伴国	中国作为进口国	伙伴国	中国作为进口国
日本	0.33	菲律宾	0.64
韩国	0.57	缅甸	0.66
新西兰	0.64	马来西亚	0.96
澳大利亚	0.61	印度尼西亚	0.45
新加坡	0.79	老挝	0.95
泰国	0.73	柬埔寨	0.52
越南	0.81	文莱	0.49

（3）进出口模型修正为：

$$\ln FT_{ij} = c_0 + c_1 \ln GDP_i + c_2 \ln GDP_j + c_3 \ln POP_i + c_4 \ln POP_j$$
$$+ c_5 \ln DIS_{ij} + c_6 AGR_{ij} + (v_{ij} - u_{ij}) \qquad (5.15)$$

其中，T_{ij} 表示 i 国对 j 国的进出口额，GDP_i 表示中国的国内生产总值，GDP_j 表示 RCEP 伙伴国的国内生产总值，POP_i 表示中国的人口规模，POP_j 表示 RCEP 伙伴国的人口规模，DIS_{ij} 表示中国与 RCEP 伙伴国之间的距离，AGR_{ij} 是表示两国之间贸易协定的虚拟变量。根据随机前沿引力模型分析的主要步骤，初始回归分析结果如表 5 – 14 所示。

表 5 – 14　　　　　　随机前沿引力模型初始回归估计结果

项目	系数	t 值
常数项	129.94 **	2.17
$\ln GDP_i$	1.53 ***	2.77
$\ln GDP_j$	0.96 ***	22.30
$\ln POP_i$	− 26.60 **	− 2.19
$\ln POP_j$	0.03 **	1.80
$\ln DIS_{ij}$	− 0.56 ***	− 6.28
ARG_{ij}	0.30 ***	4.16
σ^2	0.05	
对数似然值	18.49	

从初始回归分析结果来看，各变量均较为显著，中国与 RCEP 伙伴国的国内生产总值与贸易总量存在正向相关关系，RCEP 伙伴国人口与进出口贸易量存在正向相关关系。地理距离和与进口贸易量存在负相关关系，均与前面理论分析一致。中国人口与进出口贸易量存在负相关关系，与前述出口模型中对人口规模与贸易依存度关系的推断一致。贸易协定与贸易进出口总量存在正向相关关系，体现了贸易协定对贸易进出

口总量的促进作用。

随机前沿引力模型的 MLS 估计结果如表 5 - 15 所示。

表 5 - 15　　　　　　　　　随机前沿引力模型 MLS 估计结果

项目	系数	t 值
常数项	84.79 ***	4.17
lnGDP$_i$	1.21 ***	6.02
lnGDP$_j$	1.00 ***	10.05
lnPOP$_i$	− 17.47 ***	− 4.21
lnPOP$_j$	0.07 ***	6.35
lnDIS$_{ij}$	− 0.43 *	− 1.58
ARG$_{ij}$	− 0.06	− 0.16
σ^2	0.09	
ρ	0.94	
对数似然值	133.03	
LR 统计量	229.08	

注：*** 、* 分别表示在 1% 和 10% 的水平上显著。

表 5 - 15 显示，ρ 值为 0.94，意味着极为显著。

根据模型参数估计结果和贸易效率的计算公式，可以计算中国与 RCEP 伙伴国之间的贸易效率。

$$TE_{ij} = \frac{\exp\left[FT_{ij}\right]}{\exp\left[f(X;\ \beta)\right] + v_{ij}} = \exp\left[-u_{ij}\right] \qquad (5.16)$$

中国与 RCEP 伙伴国的贸易效率的最高值为 0.96，最低值为 0.41（见表 5 - 16），平均值为 0.69。

表 5 – 16　　　　　　　　中国与 RCEP 伙伴国的贸易效率

伙伴国	中国	伙伴国	中国
日本	0.41	菲律宾	0.65
韩国	0.60	缅甸	0.70
新西兰	0.57	马来西亚	0.96
澳大利亚	0.61	印度尼西亚	0.51
新加坡	0.89	老挝	0.72
泰国	0.72	柬埔寨	0.77
越南	0.95	文莱	0.55

四、研究结论

从实证研究结果中可以总结出，中国与 RCEP 伙伴国的贸易效率呈现出一系列更加具体的新特点，分析这些特点可以更好地确定影响贸易效率的因素，进而为我国调整贸易策略、提高贸易能力、挖掘贸易潜力提供更好的指引。

一是中国与 RCEP 伙伴国的出口贸易效率值、进口贸易效率值和进出口贸易效率值的平均值分别为 0.62、0.65 和 0.69。而中国与新加坡之间的贸易效率值最高，其中出口的贸易效率值达 0.95，远超过中国与 RCEP 伙伴国的平均出口贸易效率值。可见，中国与 RCEP 伙伴国间的贸易效率并不理想，中国与 RCEP 伙伴国之间还存在尚未开发的贸易潜力。另外，贸易效率差距明显，最高的总贸易效率值仅为 0.41，最高值为 0.89。

二是中国与新加坡、马来西亚、泰国和越南的出口贸易效率值、进口贸易效率值和进出口贸易效率值均高于平均水平，其中我国与新加坡间的贸易效率值均最高。具体而言，中国与新加坡之间的出口贸易效率值和进口贸易效率值分别为 0.95 和 0.79，总的贸易效率值为 0.89，都远高于平均水平。

三是中国与日本和印度尼西亚的出口贸易效率值、进口贸易效率值和进出口贸易效率值均低于平均水平。而日本和印度尼西亚的共同特点是人口规模较大。

四是除新加坡外，中国与 RCEP 伙伴国中的发达国家如日本、韩国、澳大利亚和新西兰的出口贸易效率值、进口贸易效率值和进出口贸易效率值均低于平均水平，特别是日本的贸易效率最低。另一个需要注意的特点是中国与 RCEP 伙伴国中的东盟国家的贸易效率平均值高于非东盟国家。

中国与 RCEP 伙伴国贸易
效率影响因素

中国与 RCEP 伙伴国贸易效率影响的因素既有人为因素也有自然因素，人为因素是需各国努力加深合作的领域，而自然因素应是我国发展贸易充分利用的条件。

第一节　贸易效率影响因素实证分析

一、模型设定

贸易非效率项的设定需要考虑两类因素，一是人为阻力因素，主要与政策相关。二是自然阻力因素，主要表现为是否使用共同的语言，是否存在共同边界等。政策因素主要包括两个方面，一是本国政府采取的关税政策等，二是本国与周边国家签订的贸易协定等。为研究上述因素对贸易非效率项的影响，建立中国作为出口国的贸易非效率模型如下：

$$TRE_{ij} = \alpha_0 + \alpha_1 LAN_{ij} + \alpha_2 BOR_{ij} + \alpha_3 CAFTA_{ij} + \alpha_4 TAX_i$$
$$+ \alpha_5 TAX_j + \alpha_6 PAG_i + \alpha_7 PAG_j + \varepsilon_{ij} \qquad (6.1)$$

其中，LAN_{ij} 表示出口国和进口国之间的语言，该变量为虚拟变量，如果两国之间使用相同的语言或文化相近，则虚拟变量取值为 1；如果两国之家之间使用不同语言或文化差异较大，则该虚拟变量取值为 0。BOR_{ij} 表示两国之间是否存在共同边界，该变量为虚拟变量，如果两国之间存在共同的边界，则该虚拟变量取值为 1，如果不存在共同边界，则该虚拟变量取值为 0。$CAFTA_{ij}$，为虚拟变量，表示该国是否为东盟成员国。如果该国为东盟成员国，则该虚拟变量取值为 1，否则该虚拟变量取值为 0。TAX_i 是出口国 i 的平均关税税率水平，TAX_j 是进口国 j 的平均关税税率水平，PAG_i 表示出口国农业增加值占 GDP 比重，PAG_j 表示进口国农业增加值占 GDP 比重。

二、数据来源

1. 平均关税税率水平

关税税率为关税及其他进口税与税收总额的比值。其中，关税及其他进口税是指对入境商品或服务所征收的所有税收总额，包括对收入或为保护目的的征税，以及在特定或从价基础上确定的、限于进口货物或服务的税额（见表 6 - 1）。

表 6 - 1　2009 ~ 2016 年中国与 RCEP 伙伴国的平均关税税率水平　　单位:%

国家	2009 年	2010 年	2011 年	2012 年
中国	4.20	4.88	5.15	5.11
日本	1.79	1.78	1.90	1.87
韩国	5.57	6.00	5.71	4.74
新西兰	3.27	3.53	3.52	3.49
澳大利亚	2.26	2.15	2.02	2.24
新加坡	0	0	0	0

续表

国家	2009 年	2010 年	2011 年	2012 年
泰国	5.58	5.74	5.36	6.04
越南	—	—	—	—
菲律宾	22.44	23.70	22.06	21.30
缅甸	14.27	13.53	13.40	15.87
马来西亚	1.99	1.80	1.50	1.51
印度尼西亚	2.92	2.77	2.89	2.90
老挝	11.45	10.85	10.44	9.46
柬埔寨	22.85	22.10	19.26	18.51
文莱	0	0	0	0
国家	2013 年	2014 年	2015 年	2016 年
中国	4.55	4.64	4.04	3.89
日本	1.98	1.82	1.73	1.57
韩国	5.30	4.21	3.90	3.35
新西兰	3.32	3.33	3.43	3.30
澳大利亚	2.42	2.65	3.06	3.82
新加坡	0	0	0	0
泰国	5.00	5.03	4.52	4.35
越南	—	—	—	—
菲律宾	19.86	21.48	20.25	20.01
缅甸	11.32	13.01	10.70	9.40
马来西亚	1.62	1.63	1.65	1.72
印度尼西亚	2.94	2.77	2.48	2.46
老挝	9.30	9.07	8.59	10.34
柬埔寨	17.21	16.81	16.89	16.25
文莱	0	0	0	0

资料来源：世界银行数据库。

新加坡和文莱是低关税国家，自 1995 年以来，关税税率保持在 0 至 5% 的水平，食品和原材料的税率为 0，非敏感商品税率为 0，故平均关税税率水平均取值为 0。

2. 农业增加值占 GDP 比重

农业对应《国际标准行业分类》第 1 - 5 项，包括林业、狩猎和渔业以及作物耕种和畜牧生产。增加值为所有产出相加再减去中间投入得出的部门的净产出。这种计算方法未扣除装配式资产的折旧或自然资源的损耗和退化。增加值来源是根据《国际标准行业分类》（ISIC）修订本第 3 版确定的（见表 6 - 2）。

表 6 - 2　　2009 ~ 2018 年中国与 RCEP 伙伴国的农业增加值占 GDP 比重

国家	2009 年	2010 年	2011 年	2012 年	2013 年
中国	9.79	9.53	9.43	9.42	9.30
日本	1.08	1.10	1.08	1.14	1.10
韩国	2.35	2.24	2.29	2.23	2.13
新西兰	7.88	8.64	8.16	7.24	8.58
澳大利亚	2.30	2.20	2.28	2.26	2.28
新加坡	0.04	0.04	0.03	0.03	0.03
泰国	9.79	10.53	11.59	11.51	11.32
越南	19.17	18.38	19.57	19.22	17.96
菲律宾	13.08	12.31	12.72	11.83	11.25
缅甸	38.11	36.85	32.50	30.59	29.53
马来西亚	9.22	10.09	11.45	9.79	9.11
印度尼西亚	15.29	13.93	13.51	13.37	13.36
老挝	24.21	22.60	20.79	18.55	17.93

续表

国家	2009 年	2010 年	2011 年	2012 年	2013 年
柬埔寨	33.49	33.88	34.56	33.52	31.60
文莱	9.22	0.73	0.58	0.66	0.68
国家	2014 年	2015 年	2016 年	2017 年	2018 年
中国	9.06	8.83	8.56	7.92	7.19
日本	1.06	1.11	1.15	1.11	1.12
韩国	2.12	2.09	1.93	1.96	1.98
新西兰	6.27	5.49	6.78	6.18	6.15
澳大利亚	2.22	2.37	2.43	2.77	2.60
新加坡	0.03	0.03	0.03	0.03	0.02
泰国	10.09	8.99	8.50	8.66	8.12
越南	17.70	16.99	16.32	15.34	14.57
菲律宾	11.33	10.26	9.66	9.66	9.28
缅甸	27.83	26.77	25.46	26.18	24.56
马来西亚	8.87	8.46	8.66	8.78	7.74
印度尼西亚	13.34	13.49	13.47	13.14	12.81
老挝	17.85	17.59	17.23	16.20	15.70
柬埔寨	28.87	26.58	24.74	23.38	22.01
文莱	0.86	1.10	1.20	1.09	1.02

资料来源：根据世界银行数据库相关资料整理得出。

三、实证研究结果

1. 贸易非效率模型的估计方法

在随机前沿引力模型中：

$$Y_{it} = \alpha X_{it} + (V_{it} + U_{it}) \tag{6.2}$$

其中，V_{it} 表示服从 $N(0, \sigma_v^2)$ 的随机变量，U_{it} 表示非负随机变量，服从 $N(m_{it}, \sigma_u^2)$ 分布。

$$m_{it} = \beta Z_{it} \tag{6.3}$$

其中，Z_{it} 为影响贸易效率的变量向量，β 为待估计的向量参数。

以 $\sigma^2 = \sigma_v^2 + \sigma_u^2$，$\rho = \sigma_u^2 / (\sigma_v^2 + \sigma_u^2)$ 替代 σ_v^2 和 σ_u^2 可以得到模型的极大似然函数。

2. 中国作为出口国的贸易非效率模型估计结果

中国作为出口国的贸易非效率模型估计结果如表 6 - 3 所示。

表 6 - 3　　　　　中国作为出口国的贸易非效率模型估计结果

项目	系数	t 值
常数项	- 0. 75 *	- 1. 34
LAN_{ij}	- 1. 35 ***	- 3. 20
BOR_{ij}	- 0. 26 ***	- 4. 66
$CAFTA_{ij}$	- 0. 11	- 1. 22
TAX_i	- 0. 001	0. 25
TAX_j	0. 014 ***	4. 20
PAG_i	- 0. 15 **	2. 06
PAG_j	0. 01 ***	- 3. 73
σ^2	0. 013	
ρ	0. 72	
对数似然值	89. 31	
LR 统计量	148. 44	

注：***、**、* 分别表示在 1%、5% 和 10% 的水平上显著。

3. 中国作为进口国的贸易非效率模型实证研究结果

建立中国作为进口国的贸易非效率模型如下：

$$TJE_{ij} = \beta_0 + \beta_1 LAN_{ij} + \beta_2 BOR_{ij} + \beta_3 CAFTA_{ij}$$
$$+ \beta_4 TAX_j + \beta_5 PAG_i + \beta_6 PAG_j + \varepsilon_{ij} \quad\quad (6.4)$$

其中，LAN_{ij} 表示出口国和进口国之间的语言，该变量为虚拟变量，如果两国之间使用相同的语言或文化相近，则虚拟变量取值为 1；如果两国之家之间使用不同语言或文化差异较大，则该虚拟变量取值为 0。BOR_{ij} 表示两国之间是否存在共同边界，该变量为虚拟变量，如果两国之间存在共同的边界，则该虚拟变量取值为 1，如果不存在共同边界，则该虚拟变量取值为 0。$CAFTA_{ij}$，为虚拟变量，表示该国是否为东盟成员国。如果该国为东盟成员国，则该虚拟变量取值为 1，否则该虚拟变量取值为 0。TAX_j 是进口国的平均关税税率水平，PAG_i 表示出口国农业增加值占 GDP 比重，PAG_j 表示进口国农业增加值占 GDP 比重（见表 6 - 4）。

表 6 - 4　　　　中国作为进口国的贸易非效率模型估计结果

项目	系数	t 值
常数项	- 1.67 **	- 1.71
LAN_{ij}	- 2.95 ***	- 11.81
BOR_{ij}	- 0.09	- 1.11
$CAFTA_{ij}$	- 0.49 ***	- 3.20
TAX_j	0.13 *	1.33
PAG_i	0.25 ***	2.12
PAG_j	0.02 ***	4.69
σ^2	0.097	
ρ	0.999	
对数似然值	29.89	
LR 统计量	122.63	

注：*** 、** 、* 分别表示在 1%、5% 和 10% 的水平上显著。

4. 中国与 RCEP 伙伴国进出口贸易非效率模型实证研究结果

建立中国与 RCEP 伙伴国进出口贸易非效率模型为：

$$TE_{ij} = \gamma_0 + \gamma_1 LAN_{ij} + \gamma_2 BOR_{ij} + \gamma_3 CAFTA_{ij} + \gamma_4 TAX_i +$$

$$\gamma_5 TAX_j + \gamma_6 PAG_i + \gamma_7 PAG_j + \varepsilon_{ij} \qquad (6.5)$$

其中，LAN_{ij} 表示出口国和进口国之间的语言，该变量为虚拟变量，如果两国之间使用相同的语言或文化相近，则虚拟变量取值为 1；如果两国之家之间使用不同语言或文化差异较大，则该虚拟变量取值为 0。BOR_{ij} 表示两国之间是否存在共同边界，该变量为虚拟变量，如果两国之间存在共同的边界，则该虚拟变量取值为 1，如果不存在共同边界，则该虚拟变量取值为 0。$CAFTA_{ij}$，为虚拟变量，表示该国是否为东盟成员国。如果该国为东盟成员国，则该虚拟变量取值为 1，否则该虚拟变量取值为 0。TAX_i 是出口 i 的平均关税税率水平，TAX_j 是进口国 j 的平均关税税率水平，PAG_i 表示出口国农业增加值占 GDP 比重，PAG_j 表示进口国农业增加值占 GDP 比重（见表 6 - 5）。

表 6 - 5   中国与 RCEP 伙伴国进出口贸易非效率模型估计结果

项目	系数	t 值
常数项	1.72 ***	2.50
LAN_{ij}	- 0.67 ***	10.97
BOR_{ij}	- 0.45 ***	- 5.00
$CAFTA_{ij}$	- 0.23 ***	- 3.29
TAX_i	0.03 ***	6.70
TAX_j	0.10 **	1.87
PAG_i	- 0.03 ***	- 6.16
PAG_j	- 0.12 *	- 1.45
σ^2	0.017	
ρ	0.81	
对数似然值	79.11	
LR 统计量	125.93	

注：*** 、** 、* 分别表示在 1%、5% 和 10% 的水平上显著。

四、研究结论

从中国作为出口国与 RCEP 伙伴国的贸易非效率模型研究结果来看：一是语言和文化相似性对贸易非效率产生负向影响，两国使用相同的语言或具有相似的文化有利于提高贸易效率。二是两国具有共同边界对贸易非效率产生负向影响。三是进口国是否为东盟国家对贸易效率的影响不明显，尽管东盟国家内部享受税收优惠，会对中国与其贸易效率产生影响，但由于中国与东盟各国签订贸易协定时间较早，因此该差异较小。四是中国作为出口国，其国内的关税水平对出口贸易效率的影响不明显。五是进口国关税对贸易非效率产生正向影响，降低关税有利于提高贸易效率。六是具有较强农业竞争力有利于中国农产品出口，进口国具有较强农业竞争力不利于中国农产品出口。

从中国作为进口国与 RCEP 伙伴国的贸易非效率模型研究结果来看：一是语言和文化相似性对贸易非效率产生负向影响，两国使用相同的语言或具有相似的文化有利于提高贸易效率。二是两国具有共同边界对贸易非效率产生负向影响。三是出口国是否为东盟国家对贸易效率的影响显著，由于中国与东盟各国签订贸易协定，东盟国家在向中国出口时享有优惠措施。四是进口国关税对贸易非效率产生正向影响，降低关税有利于提高贸易效率。五是中国具有较强竞争力的农业产品会阻碍中国进口同类农产品。六是对于竞争力较强的农产品，RCEP 伙伴国会优先出口欧美等市场，因此该变量对贸易非效率项产生正向影响。

从中国与 RCEP 伙伴国进出口国贸易非效率模型研究结果来看：一是语言和文化相似性及两国拥有共同边界均对贸易非效率产生负向影响，因此两国使用相同的语言或具有相似的文化有利于提高贸易效率。两国拥有共同边界有有利于提高贸易效率。二是出口国是否为东盟国家对进出口贸易效率的影响显著，由于中国与东盟各国签订贸易协定的时间较长，具有较好的经济合作基础，更有利贸易效率的提高。三是进口国和出口国关税均对贸易非效率产生正向影响，因此降低关税有利于提高中国与 RCEP 伙伴国的贸易效率。四是进口国和出口国的产业竞争力均对贸易非效率产生负向影响，因为产业竞争力可影响一国的贸易合作能力，较强的产业竞争力有利于提高中国参与 RCEP 伙伴国的贸易合作能力，进而提高贸易效率。

第二节 中国与 RCEP 伙伴国贸易效率影响因素剖析

一、中国与 RCEP 伙伴国的整体贸易合作能力较低

中国贸易合作能力较低的主要原因是农产品及工业制成品的产业竞争力较弱，产业优势不明显，以及由此导致的贸易地位不均衡。

1. RCEP 中的大多数国家都是发展中国家，产业结构相似，而我国产业竞争力较弱

中国与 RCEP 伙伴国中的大多数产业结构相似，在诸多领域存在竞争关系。这些国家大多数都是以农业及资源密集型产业和劳动密集型产业为主，因此与中国贸易结构趋同，市场竞争较为激烈，这必然会对双方的合作带来负面影响。首先，从农业发展方面看，中国的农业并不是优势产业。发展中国家的农业/GDP 指标由低到高排名为：马来西亚、泰国、菲律宾、中国、印尼、越南、柬埔寨、老挝及缅甸。该指标越高农产品竞争力越强，中国排名居中，缅甸、老挝、柬埔寨、越南的农业/GDP 指标高于中国，因此这些国家的农产品相对于其他产品更具有竞争优势，农业是其优势产业。除此之外，印尼和菲律宾的农业/GDP 指标与

中国相差无几，表明这三国之间的农产品竞争力相当。而泰国、马来西亚的农业/GDP 指标低于中国，表明两国农产品竞争力具有劣势，中国与此两国的贸易效率较高与此不无关系。但综合来看，与这些发展中国家相比，我国农产品不具有很好的竞争优势，这些发展中国家农业方面的竞争关系较为突出。其次，从工业制造方面来看，中国和 RCEP 中的发展中国家大都属于密集劳动型产业。根据相关测算结果，中国资本/劳动指标在发展中国家排名仅为第五，低于马来西亚、泰国、菲律宾和印尼。因此，中国制造业与这些发展中国家相比也只是处于中等水平，可见，中国制造业竞争力也不突出。由于产业结构相似，而且我国在农业及制造业中的竞争力也不强，中国与大多数 RCEP 伙伴国之间的竞争关系突出，贸易合作能力较弱，势必造成贸易效率损失。

2. 由于缺乏产业优势，中国与 RCEP 中的发达国家贸易地位不均衡

除新加坡之外，我国与日本、韩国、澳大利亚及新西兰之间在贸易总量、结构和地位等方面存在不均衡现象。2019 年 4 月的《全球贸易数据与展望》报告显示，中日韩都是世界性的贸易大国。2018 年中国出口位居世界第一，进口位居世界第二；日本进出口都位居世界第四；韩国出口位居世界第六，进口位居世界第九。但中日韩三者之间的贸易发展却处于长期非均衡状态，贸易结构及贸易地位等方面存在不平等。在贸易结构方面，中国对日本和韩国的出口产品以初级产品为主。联合国 UN COMTRADE 数据库的统计数据显示，在 1992 年时，中国对日本的初级产品出口额占总出口额的 49.2%，工业制成品进口额占总进口额的 50.7%。2012 年，虽然中国对日本的初级产品出口额占总出口额的比重下降为 10.1%，但工业制成品进口额占总进口额的比重却上升到 89.9%。到 2018 年，中国仍然是日本的重要工业制成品出口国，而中国出口给日本的大部分是劳动密集型产品和原料。[①] 同样在 1992 年，中国对韩国的初级产品出口额占总出口额的 47.4%，工业制成品进口额占总进口额的 88.9%。到 2012 年，中国对韩国的初级产品出口额占总出口额的比重也下降到 8.1%，而工业制成品进口额占总进口额的比重也上升到 90.5%。到 2018 年，中国从韩国进口商品中的大多数仍是工业制成品，出口主要是劳动密集型产品及原料。由此可知，中国对日本和韩国的贸易结构均发生了变化，一方面，中国对日本和韩国的工业制成品需求在不断增加，并逐渐成为中国与日本和韩国贸易的主要构成部分；另一方面，中国对日韩出口的产品以劳动密集型产品和原料为主。因此，在贸易结构方面，中国与日本和韩国之间仍存在不平衡关系。日本在二战后迅速崛起，依靠制造业及电子制造业实现经济快速腾飞。同时，20 世纪 60 年代韩国政府进行了经济体制改革，对国内企业全力扶持，并采用外向型的对外贸易政策，这加速了韩国国内制造业及工业化发展的进程，使韩国的出口贸易从劳动密集型转向技术密集型。而中国在改革开放以后，国内制造业得以迅猛发展，并成为世界上产业链最为齐全的制造业，但从整体制造业发展水平来看，中国制造业还是大而不强。由于缺乏关键性技术，部分重要工业制成品还需依靠进口。因此，中日韩三国相比，日本已经步入后工业化时期，因此工业化水平最高，国内产业结构以资本型和技术型为主。韩国的制造业仅次于日本，劳动密集型产业减少，资本型和技术型企业快速发展并具有一定的国际竞争力。中国则处于经济转型期，劳动密集型产品仍占据国际贸易的主要地位。

中国与澳大利亚和新西兰间贸易的不均衡主要体现在贸易总量及地位的不对称。在中澳双边贸易方面，虽然两国的贸易额度都在不断增长，但非均衡性也日益凸显。近年来，中国对澳大利亚的贸易逆差，一

---

① 吴小燕 . 2018 年中国与日本贸易全景图，www. qianzhan. com/analyst/detail/220/190708 – 897df896. html，2019 年 7 月 9 日 .

直呈现上涨态势。2019 年 1 ~ 9 月，中国对澳大利亚出口额进一步下降 0.3%，而进口额增长 23.0%[①]，贸易逆差继续扩大。同时，中国和澳大利亚的贸易合作地位也不均衡。自 2009 年起，中国就是澳大利亚最大的海外出口国和进口来源国。而澳大利亚对中国而言，只是同期的第九大出口国和第七大进口来源国。在商品交易结构方面看，中国从澳大利亚进口的商品主要是矿产品、纺织纤维及原料等产品，其中矿产品比重甚至达六成以上。中国对澳大利亚的出口产品主要是以轻工业制成品为主，如纺织品及原料、家居、玩具等。此外，从商品交易的性质来看，澳大利亚主要进口的是中国劳动密集型轻工业制成品，因此在国际市场上具有较强替代性，很容易在其他国家找到替代品。而中国对澳大利亚的进口商品主要是矿产品，且具有极强的消费刚性，且世界范围内可用于进口的国家也不多，因此澳大利亚可以出口的国家较多，即在国际市场中有许多可替代买家，这同样导致中澳双边贸易不均衡问题。这种不均衡对我国的出口贸易效率影响会更大，如我国对澳大利亚出口效率值为 0.55，而进口贸易效率值为 0.61。

中国与新西兰之间贸易产品较为单一，主要是农产品，对自然环境依赖较高。新西兰是世界 60% 的奶源地，新西兰和中国的贸易交易也以奶制品为主，但奶制品的质量、产量和价格直接影响中国和新西兰两国的贸易往来，也会影响我国与其贸易稳定。

较高的贸易效率离不开合作方之间合作能力的提高，而较高的合作能力最终会表现为协调的产业结构与贸易结构。反过来讲，无论产业结构相似还是贸易发展不均衡，都表明贸易策略是非最优策略，贸易合作能力有待提高，潜在的贸易要素也未有效转化为贸易能力，从而导致我国与 RCEP 伙伴国之间的整体贸易效率也并不理想。

---

① 数据来源于中华人民共和国商务部网站。

二、中国与 RCEP 伙伴国之间存在着贸易制度性障碍

由于 RCEP 各国间未有效协调合作，多数国家都存在保护国内产业和市场发展的倾向，并出台各种相应规定以实现上述目标。

1. 中国与 RCEP 伙伴国之间贸易摩擦不断

随着中国与 RCEP 各国之间的贸易量不断提高，贸易摩擦问题也日益凸显。如 2012 年之后，东盟长期对中国的贸易顺差发生改变，且额度逐年减少，使得部分国家的支柱型企业受到严重冲击，因而引发了这些国家的不满，从而导致贸易摩擦。再如以马来西亚、印度和泰国等为主的钢铁大国，近年来频繁指责中国向东盟倾销钢铁以致对本国的钢铁产业造成较大冲击，并且其申诉的级别越来越高。

中澳贸易摩擦出现增长态势。2013 年澳大利亚对中国铝制车轮进行反倾销和反补贴调查。澳大利亚对我国出口的大麦占其年出口额的 67% 以上，由于大麦以低于正常价格向中国出口，2018 年 11 月我国商务部决定对澳进行反倾销调查。[①] 澳政府也曾多次否决华资收购其农牧场，并阻止中企为所罗门群岛铺设海底电缆，还以国家安全为由，禁止华为和中兴等公司 5G 移动网络进入其市场。[②] 中日、中韩之间也曾因农产品问题产生过贸易摩擦。贸易摩擦的影响并不会随摩擦消除而立即消失，可能会在较长的时间影响贸易合作进程，进而引起贸易效率损失。相反，中国与新加坡之间贸易摩擦较少，因此贸易效率相对较高。

2. 中国与 RCEP 伙伴国之间贸易壁垒普遍存在

贸易壁垒是造成贸易效率损失的一个重要原因，关税壁垒是过去

---

① 中国商务部，对澳大利亚大麦进行反倾销立案调查，https：//www.sohu.com/a/276700446，2018 年 11 月 20 日。
② 中国国际贸易促进委员会. 中澳贸易摩擦现增长态势，2018 年 11 月 22 日.

RCEP 多国惯用的方式，但随着贸易协定及自贸区增多，关税壁垒逐渐减少，而非关税壁垒成为 RCEP 各国偏爱的重要手段，近年来各种新型非关税壁垒频出，对我国出口农产品竞争力提出挑战。[1]

澳大利亚对中国设置关税壁垒最多的国家。中国属于发展中国家，因此按照澳大利亚对发展中国家的优惠特别税率，中国许多出口产品应当享受到相关政策的益处。然而，澳大利亚却对中国的服装、鞋类及纺织品等出口商品征收 10% ~ 25% 的关税，在明面上设置了贸易壁垒。早在 2013 年 5 月，澳对友发铝业征收 11.7% 反补贴关税等。2016 年由于全球钢铁产能过剩，澳大利亚对进口的钢制商品进行反倾销税，最低为 11.7%，最高可达 57%。

非关税壁垒主要是技术壁垒，包括进口商品检验、检疫制度等方面。澳大利亚在进口商品检疫标准方面，除了要符合政府所规定的标准之外，还要满足不同州的法律及标准。中国与东盟之间建立了自贸区，但非关税壁垒问题日益凸显。中国和东盟各国之间在技术标准及检验检疫方面存在较大分歧，在产品标准、技术规范及评价标准等方面仍然缺乏透明度。另外，部分经济不发达的东盟国家还采用了贸易保护性质的非关税壁垒，借此阻碍中国具有竞争性的产业和商品进入。例如东盟十国共实施了 5975 项非关税壁垒。其中，技术和卫生与植物卫生的壁垒比重最高，分别达到 43% 和 33%。中日韩非关税壁垒也较为常见，主要形式是技术性贸易壁垒，中日韩三国因非关税壁垒所引发的争端连年增多。例如，日本对进口蔬菜水果实行了严格审批标准，由此将大部分国外产品阻挡在国门之外。针对中国农产品还出台了"肯定列表制度"，给中国的食品出口带来不利影响。韩国制定并执行农产品通过审批制度，实质就是通过技术性壁垒阻碍国外产品进入。在韩国，普通农产品在进入之前需申请检查，检查时间普遍在 10 天左右。对于国外水

---

① 刘健西. 贸易自由化进程中的农产品贸易壁垒：演进与发展 [J]. 农村经济，2019 (8)：111 – 118.

果的进入，审查时期更为漫长，甚至达到 4 年之久。在工业制成品方面，对于国外进口产品而言，除了要满足国际认证，还需满足韩国的认证标准。服装、儿童玩具及其他零部件等除了要满足相关质检标准，还需要满足环境保护标准等。

3. 各国贸易保护政策长期存在

RCEP 各国贸易保护政策主要集中在农业领域，而且各国普遍实施了保护政策。东南亚各国多数国家都存在保护农业的政策，如比较典型的国家是印度尼西亚曾直接限制本国可生产的农产品进口，还有菲律宾为保护农业除设置非关税壁垒之外，还进行价格补贴等保护措施。中日韩三国也均存在农业保护政策，以保证农业发展适应国民经济其他产业发展。其中日本对农业采取双重价格补贴政策，对农产品进行高价收购再低价卖出。对特殊的农产品确定最低价格，若该农产品低于规定价格，政府将全部收购。另外，日本目前还对 10 余种农产品进行进口限额以实现对国内农业的保护。韩国同样采取价格补贴方式对农产品进行价格调整，并采取相对价格制度，对其农产品进行保护。中国对农业的保护力度相对较轻，主要体现在对耕地的保护。由于我国农村生产规模小，且机械化水平不足，因此需要保证耕地面积，以稳定农业生产。可见，中日韩三国均对农业实行了保护政策，但大量的补贴又致使本国农业国际竞争力不足。由此，中日韩三国的贸易谈判中，农业问题是一个较大的挑战。澳大利亚对农业的保护也较为强力，如前所述，其对大麦补贴较大，因此出口价格极低，甚至引起我国对其反倾销调查。中国与新西兰之间本应该合作的乳制品行业仍存在特殊保障措施，产业互补优势难以发挥。中国在《中华人民共和国政府和新西兰政府自由贸易协定》中也保留了其对本国农产品实行特殊保障措施的权力，如中国可具有限制乳制品进口量的权力。同样，新西兰对中国也未完全做好开放措施，在部分领域仍然对中国的自由贸易行为设置障碍。例如，在投资领域，两国只规定了禁止在技术和转基因方面的投资，而对于一般性农场或者土地投资只要证明对新西兰有利，便可获得审批，并享受不低于本国投资者所享受的待遇。然而，中国投资方在新西兰却享受到了许多不公平待遇，并设置各种游离于自由贸易协定之外的政策加以限制。

4. 中国与 RCEP 伙伴国之间贸易合作有待加深

在贸易合作中，除日本之外，我国与 RCEP 各国之间几乎都签订过促进贸易自由的协定，但是合作并未深入，这也会导致贸易效率损失。

首先，由于与日本未成功签订贸易协定，加上历史问题认识分歧等原因，我国与日本贸易关系极不稳定，协调合作范围很小，因此我国与日本之间的贸易效率最低。

其次，我国虽然与其他国家都签订过贸易协定，但与大多数国家合作程度仍不够深入，且一些国家还存在游离于协定之外的不利贸易自由的因素。如新西兰在贸易服务方面存在明显缺陷，无法满足自然人的自由移动。新西兰作为发达国家，中国作为发展中国家，两国的自然人流动问题一直是具有较大争议。对于新西兰而言，为了保障本国的社会福利、劳动就业等问题，在对中国自然人流动方面进行了严格限制，甚至设定了签证地域歧视。然而，从中新两国的双边自贸区发展角度来看，无论是货物贸易，还是服务贸易都需要人的自由来实现发展，显然新西兰对自然人流动的限制会阻碍中新两国贸易效率提高。从我国与新西兰的贸易效率来看，除了总的贸易效率值低下之外，出口贸易效率值均低于进口贸易效率值，我国与新西兰的出口贸易效率值和进口贸易效率值分别为 0.48、0.64，说明我国在贸易关系中的不平等地位的确促成了贸易效率的低下。相反，中国与新加坡之所以贸易效率较高，是因为，新加坡除与中国签署中国—东盟贸易协议外，还另外签署有中国—新加坡贸易协议，这也是中国与发达国家签署的第一个贸易协议，双方的经贸合作程度加深，因此贸易效率更高。我国与中国—东盟自由贸易区的建立对贸易效率的提高也发挥着重要作用，中国与东盟各国贸易效率高于与非东盟国家的贸易效率。

最后，中国与 RCEP 伙伴国之间的金融货币一体化发展却远滞后于贸易一体化发展进程，货币合作障碍和金融服务缺陷较大。主要表现在：中国在 RCEP 各国所设立的金融机构不足，无法满足日益增长的国际贸易发展需求；中国与 RCEP 各国的双边结算基础设施建设仍不完善，"地摊银行"较多，但银行机构结算比例较小。这显然会影响贸易结算效率和安全性。

可见，合作程度对贸易效率有明显的影响，若 RCEP 协定签订，表明中国与协议国之间的贸易合作将进一步加深，这无疑会极大促进贸易效率的提高。

三、中国与 RCEP 伙伴国贸易受到语言和文化等非制度因素的干扰

语言、文化等差异影响需求偏好和贸易合作关系[1]，尤其是语言对贸易效率的影响极为显著。根据需求偏好相似学说，用于对外出口的产品都是首先用于满足本国需求，国内市场扩大到一定程度时才会将产品出口到有需求的国家，因此两个国家之间存在相似的需求偏好。影响需求偏好的因素除了收入之外，文化起着不可忽视的作用[2]。如前所述，新加坡、马来西亚、泰国及越南与我国的贸易效率较高，此四国的共同特征便是汉语对其影响力都较大。汉语被作为新加坡官方语言使用，其他三国虽未将汉语作为官方语言，但马来西亚交流的主要语言也有汉语。而泰国和越南与中国毗邻和接壤，双边之间交流更加便利，历史上有大量华人进入这些国家创业并生活。大量越南居民学习汉语，中国文化对越南的影响根深蒂固，泰国北部的清迈汉语使用较为普遍，而曼谷也有大量华侨华人，汉语的影响力同样较大，文化也更为趋同。语言等

① 康继军，孔明星，谈笑. 文化认同对中国出口分行业贸易影响分析 [J]. 国际贸易问题，2019（1）：67 - 79.
② 方慧，赵甜. 文化差异影响农产品贸易吗——基于"一带一路"沿线国家的考察 [J]. 国际经贸探索，2018（9）：64 - 78.

文化的趋同导致这些国家的消费偏好与我国国内的消费偏好趋同，加上泰国和马来西亚等与我国人均 GDP 水平相近，需求结构也更为相似，因此贸易关系也更密切。文化的趋同使我国与此四国的贸易效率更高。

相反，汉语对其他 RCEP 伙伴国的影响相对较小，且他们与我国文化等差异较大，因此需求偏好也相差较大。其中表现最为突出的是我国与新西兰和澳大利亚之间的文化差异较大，需求偏好差别也较大，这成为贸易效率低下的一个重要原因。早在 2003 年，澳大利亚就发布了《外交贸易政策白皮书》，并表明澳大利亚是在亚太地区的西方国家，重点强调了澳大利亚与西方价值观一致。因此，中澳两国在某些领域存在较大的文化冲突。澳当地并未将汉语作为重要语言使用，并对我国的经济社会缺乏正确认识，加上多党竞选执政的制度，中澳贸易的共同发展经常被误解为澳对中的单方面优惠，或被认为，会对澳国内福利造成损失，因此对两国贸易发展造成不利影响。可见，由于文化差异，中澳两国的需求偏好不同，进一步发展贸易合作关系的阻力也会更大。中国与新西兰的状况与澳大利亚相似，汉语影响小，文化不同，多党派轮流执政，因此需求结构差异也较大，贸易合作主观阻力也较大，因此贸易效率较低。中国与日韩之间虽然距离较近，但汉语影响力远低于新、马、泰和越，存在的文化差异也相对更大一些，加上各国对历史遗留问题认识存在分歧，因此需求结构差别大，贸易合作主观阻力也较大，整体贸易效率也会受到一定影响。

除此之外，RCEP 中还有一些国家具有多种民族，民族文化及宗教等问题的复杂化同样对中国和他们之间的贸易效率起到负面影响作用。

四、中国与 RCEP 伙伴国贸易依存度总体相对较低

贸易依存度低不但会导致贸易主体整体生产成本提高和收益下降，还会导致贸易效率的下降。RCEP 伙伴国中的部分国家对贸易依存度较

低，尤其是一些人口大国，如日本、印度尼西亚以及菲律宾，这些国家人口均超过 1 亿。虽然人口数量多可导致需求量增大，但在两国人口数量已经超过 1 亿的情况下，国内产业发展较为全面，国内力量相对于跨国企业和利益集团的影响会增大，并将发展重心放在完善国内产业及消费结构方面，从而使得这些人口规模较大的国家可能会出现相对较低的贸易依存度，进而导致我国与他们之间的贸易效率降低。但也有人口未超过 1 亿，但贸易依存度也较小的国家，如缅甸便是几乎依靠自给自足发展的国家，因此我国与缅甸的贸易效率低于越南和泰国。而新加坡人口较少，是以国际贸易立足的国家，则希望使其优势产业获得更多发展空间，贸易依存度也较高，因此我国与新加坡的贸易效率最高。从这一角度看，提高贸易效率的办法只能是提升中国的贸易能力，调整贸易策略，挖掘贸易合作潜力，寻找更多新的可以合作的领域。

五、影响中国与 RCEP 伙伴国贸易发展的其他因素

地理距离对于贸易交往有着较大的影响。地理距离近则会为贸易运输、人员流动提供较为便利的条件，有利于贸易效率的提高。例如，我国与 RCEP 伙伴国越南之间接壤，贸易效率较高。除了上述主要影响贸易效率的因素之外，主导权之争、历史问题、现实矛盾以及域外国家的干扰等都会对贸易效率产生一定影响。例如，在 RCEP 建设过程中，始终存在着是中国，还是日本，抑或是东盟主导的博弈；由于受历史遗留问题的影响，中日在 RCEP 建设过程中协调难度大；由于钓鱼岛争端频起、"萨德"事件的出现，使中日、中韩在 RCEP 建设过程中的合作受到一定影响[①]。值得注意的是，美国对 RCEP 建设问题上，其战略十分清晰：防止 RCEP 被中国，或被日本主导，或被中日两国主导，使其对

---

① 谢建国，徐苹苹. 政治冲突与国际贸易：韩国萨德事件对中韩贸易的影响分析 [J]. 财经理论与实践，2019 (6)：105 – 113.

RCEP 建设的影响力受到严峻挑战，威胁美国在东亚地区的根本利益。正如菲利普·桑德斯所说："美国在亚洲的传统利益应包括：防止该地区被任何一个强国所支配、市场准入、航行自由、地区稳定、鼓励政治自由和民主。"[①] 美国"不愿看到东亚作为一个整体，成为世界的一极，因此，美国总是对其东亚盟友施压，阻挠其一体化趋势"。[②] 美国最担心看到像"法德轴心"那样的东亚一体化，"对于一个有凝聚力的亚洲贸易集团是不感兴趣的，分而治之才是真正重要的"。[③] 因此，域外国家的干扰也势必会影响中国与 RCEP 伙伴国贸易效率的提高。

---

① ［美］菲利普·桑德斯. 东亚合作背景下的中美关系：协调利益分歧 ［J］. 外交学院学报（外交评论），2005（6）：35.
② 张锡镇. 东亚地区一体化中的中、日、东盟三角关系之互动 ［J］. 东南亚研究，2003（5）：32.
③ 陈峰君. 冷战后亚太国际关系 ［M］. 北京：新华出版社，1999：5.

第七章

提升中国与 RCEP 伙伴国
贸易效率的对策思考

第一节　提升伙伴国的贸易合作能力与水平

一是加强中国与东盟在农业及农产品贸易领域的合作，调整农业产业结构、优化资源配置，打造具有核心竞争力的农业出口品牌。当前，中国与东盟的农业贸易合作成果显著。这是因为除了中国和东盟双方的贸易政策使然，同时也是因为中国和东盟各国在农产品资源、农产品贸易及农产品生产资料方面具有十分强烈的互补性，他们之间的合作潜能较大。加强中国和东盟之间的农业合作，主要包括农产品贸易合作和农业技术合作。例如，在农产品进出口方面，要尽快消除非贸易壁垒，简化通关程序，统一中国和东盟各国的农产品认证标准，加速双方农产品贸易流通速度。在农业技术方面，秉持"走出去"和"走进来"的合作原则。从中国和东盟双方的农业实际发展状况来看，中国具有丰富的农作物品种资源和良好的农作物繁育及栽培技术。因此，可以帮助东盟部分农业基础设施落后和技术设备落后的国家，进行优质农作物培育，提升东盟农业落后国家的农业生产水平。而东盟国家的土壤气候条件具有明显优势，因此中国和东盟可以加强农产品技术方面合作，由中国提供技术和管理经验并帮助东盟实现农业高效率生产。而东盟各国可通过较低的优惠价格反向出口中国，实现双方的共赢。此外，东盟国家地处亚热带与热带地区，因此东盟农产品出口主要以亚热带和热带农产品为主。而中国由于大部分处于温带地区，对此可根据气候进行产业调整，对东盟国家主要进行温带农产品出口，一方面起到改善国内农业产业结构，另一方面增加国内农业生产企业经济收益。在涉农企业建设方面，首要任务是提升农产品质量，使企业拥有更多特色。同时，在农产品的开发、生产及包装上进行升级，并通过积极参加各种洽谈会、商品交易会等不断对农产品进行宣传，以建立具有影响力的国际农产品品牌。

二是推动中国与东盟金融货币一体化发展，逐步放开金融管制，构建高效双边金融风险防范机制，进一步推动中国与东盟的双边贸易合作深度与广度。当前，中国与东盟之间的贸易额度日益庞大，双方的金融货币交换需求日益增长。对此，建议中国与东盟各国之间可以通过签订货币流通互换的合作协议，以提升中国和东盟之间的货币流动性问题。同时，为了防止货币汇率的波动问题，还需要中国和东盟各国之间逐步弱化美元，通过建立中国—东盟区域汇率联动机制，以保持各国的汇率相对稳定。

三是增强信息互通互联，尽可能消除贸易摩擦。当前，世界经济联系愈加紧密，尤其是在经济危机过后，世界经济处于下行发展态势下，国家之间的贸易摩擦明显增多。因此，需要从政府宏观层面和企业微观层面共同应对。首先，对于国家的出口原则方面，应当由以往的重进口转变为重企业，通过发展国内企业提升中国国际贸易影响力，并从企业内部的以章和制度建设等方面消除不同国家贸易之间的制度摩擦。其次，建立中国—东盟贸易摩擦预警及应急机制。例如，对贸易额度进行监测，对于异样数据尽早分析，提前预警国际贸易问题。同时，当贸易摩擦发生时，要尽量采用沟通方式，将双方贸易损失降到最低。如果无法达成协议，可启用贸易救济调查，切实维护出口企业利益。

第二节　推动中国与区域内发达国家的深层次合作

一是促进海关程序与贸易的便利化。主要通过简化海关程序和提高货物通关速度，来促进中国与区域内发达国家的双边贸易，增加海关事务的法律、法规、指引、程序和行政裁定的透明度。在海关操作的风险管理中，中国与区域内发达国家应将查验操作集中于高风险货物，便利低风险货物通关。并可通过规范原产地证书，便利协议国享受优惠关税待遇。

二是降低关税和非关税壁垒。加快关税减让和扩大取消关税商品的范围。中国与区域内发达国家应加速协商取消原产货物关税和关税减让的商品种类和范围，缩短法律程序审批时间。根据 WTO 的规制取消数量限制措施和非关税措施，增加 WTO 规制内允许的非关税措施的透明度，避免由于非关税措施的制定、批准和实施对双边贸易造成不必要的障碍，或导致出现类似的结果。

三是强化中国与区域内发达国家在贸易救济领域的协商。在 WTO 框架内处理反倾销问题，中国与区域内发达国家不以对方境内为目的地的任何货物实施或维持任何形式的出口补贴。在发起双边保障措施调查中加强协商，对原产于另一方的并未造成损害的产品的进口不采取双边保障措施。

四是升级中国与区域内发达国家在投资领域的合作。中国与区域内发达国家应构建自由、便利、透明及竞争的投资体制，逐步实现投资体制自由化，加强投资领域的合作，促进投资便利化和提高投资相关法律法规的透明度，并为投资提供保护，以实现鼓励和便利双方之间的投资的目标。中国与区域内发达国家应给予另一方投资者及其投资，在管理、经营、运营、维护等方面，不低于在同等条件下给予本国投资者及其投资的待遇。并给予另一方投资者及其相关投资，不低于其在同等条件下给予任何其他缔约方或第三国投资者及其投资的待遇。

五是拓宽中国与区域内发达国家在区域发展、旅游、环境和电子商务等方面的交流。鼓励区域内发达国家积极参与中国的区域发展，特别是工业园区建设。加强生态重点项目合作，促进可持续发展。强化环境保护和资源能源节约等领域的合作。推动旅游和人员流动等方面的合作，促进教育旅游和交流，为旅游者提供更多便利的渠道。推动中国与区域内发达国家电子商务发展，实现原产地电子联网，打造电商平台，发展跨境电子商务市场。

第三节　发挥非制度因素对 RCEP 合作的功能

一是充分利用汉语在 RCEP 国家中的影响力和覆盖面，全方位推动经贸合作。语言是重要的贸易非效率因素之一，为此中国应充分利用语言交流的便利扩大双边贸易中的信息资本优势。语言交流的便利不仅体现在汉语是新加坡等国家的官方语言，而且在马来西亚、泰国、越南、老挝等东南亚国家和日本、韩国、澳大利亚和新西兰等国家中拥有巨大的影响力。中国通过扩大汉语传播不仅有利于实现贸易双方的信息顺畅沟通，克服语言壁垒带来的贸易摩擦风险，促进信任机制的建立，而且会通过社会网络效应降低贸易成本。为此中国可以通过与 RCEP 伙伴国合作建立孔子学院等措施来进一步扩大汉语的传播力和影响力，从而发挥语言对推动中国与 RCEP 伙伴国经贸合作的长期促进作用。

二是重视文化环境和文化习惯在经贸合作中的重要作用。中国应充分利用与大部分 RCEP 伙伴国具有相似的文化环境和文化习惯的优势，通过增加文化推广项目和文化交流活动促进商业社会网络的形成和通过消费偏好效应影响 RCEP 伙伴国消费者对中国商品的偏好和认知，从而增加中国商品的贸易竞争力，提高中国与 RCEP 伙伴国的贸易效率。同时，相似的文化有利于增强中国与 RCEP 伙伴国的沟通和认同，对减少双边贸易的冲突和摩擦有促进作用。

三是充分发挥中国和部分 RCEP 伙伴国陆路口岸和港口毗邻的区位优势，加强经贸合作。中国应加强陆路口岸和港口的基础设施建设和电子服务建设，提高口岸的货物通关效率，实现贸易便利化，不断扩大与 RCEP 伙伴国的陆路口岸贸易。中国应充分利用便利的海运条件，强化港口建设，实现空港衔接和铁海联运，降低贸易的时间成本和运输成本，打造海上通道和便捷物流通道，充分释放中国与 RCEP 伙伴国的贸易潜力。

第四节　推进优势互补的中日韩精准合作机制

从中日韩三国贸易发展问题来看，影响中日韩三国贸易的因素主要是过往的政治及历史残留问题，包括领土及临海的争论，致使中日韩三国在区域经济合作方面存在较大分歧。尤其是在农业等敏感部门更是无法实现全面合作，严重制约了中日韩三国的贸易发展。对此，解决中日韩三国的贸易发展问题最优方法还是加强对话，妥善处理中日韩三国矛盾和分歧。但是，从实际发展和中日韩三国的谈判结果来看，想让中国、日本和韩国在历史问题上达成共识，尤其是日本的侵略问题无疑是艰巨的。因此，解决中日韩三国历史问题最好的切入点是加强三国民间的学术交流，通过共同研究东亚历史进程，增强三国的民间交流，真正意义上实现历史和解。而对于领土问题，在当前的国际形势下采用"搁置外交"策略最为合适，并以此为契机积极重新启动中日韩三国贸易谈判，最大程度限制领土争议对外贸发展的影响。而对于中国而言，想要在中日韩三国贸易谈判中占据主动地位，一方面需要加强自身经济建设，提升自身硬实力以外，还需要加强与周边具有经济影响力的国家合作，通过贸易互补方式积累原始谈判资本，进而实现中日韩三国自贸区的建立。

一是发挥各国优势形成优势互补发展模式，平衡各国经济发展。由于中国、日本和韩国三国的经济发展水平不同，因此中日韩三国的贸易结构和贸易地位存在较大差异。而这种不平衡显然不利于三国的贸易谈判。从贸易发展因素角度来看，中国具有丰富的资源、庞大的劳动力和广阔的市场，但是技术相对落后。日本经济最为发达，资金雄厚且具有先进的技术，但是缺乏资源。韩国经济发展水平介于日本和中国之间，在技术和资本等因素稍逊于日本，但优于中国。因此，中日韩三国具有显著的互补特征，只要利用好彼此的优势将有助于中日韩自贸区的建设。例如，中国可以学习和引进日本和韩国的先进技术，提升自身产品竞争力。而日本和韩国可以利用自身竞争优势开拓中国市场，进一步吸引外资和提升产品质量，促进本国经济发展。

二是妥善处理中日韩三国贸易摩擦，通过建立协调机制灵活处理敏感产业。以农业和农产品为例。首先，建立中日韩三国农产品市场交换信息机制，针对各国农产品需求及农产品标准进行全面沟通，生产适合出口的产品以减少贸易摩擦问题。同时，还需要中日韩三国政府通过政策合理引导农业生产、加工及销售，通过科技兴农战略，提升农产品出口质量，以减少和突破技术性壁垒。其次，加快中日韩三国农产品贸易优惠谈判，推动三国农产品互惠协定签订，增强三国农业贸易的合作深度与广度。尽快绕过无法谈拢的惠农政策，将谈判重点集中在三方互感兴趣的农产品，并率先实现互补农产品的降税政策，为今后的农业领域开发打下坚实基础。最后，尽快建立中日韩三国农产品质量技术检验标准，消除非关税壁垒，降低对中日韩三国的农业出口贸易损失。例如，利用目前大数据、云计算、区块链及物联网等技术，搭建中日韩三国农产品技术检验平台，实现中日韩三国的检验标准、技术及流程的统一。同时，考虑到农产品往往具有时效性，因此中日韩三国可建立国家级的检验中心，并且该检验中心可得到其他国家认可，保证出口国检验合格的商品可快速在进口国通关，既可以增加贸易交易效率，也可降低贸易交易成本。

第五节　加快突破中国与澳大利亚贸易壁垒约束

自 2015 年中澳两国签订了《中澳自贸区协定》之后，中澳双边贸易额迅速回升。两国在国际贸易合作方面总体上来看呈现欣欣向荣的发展态势。虽然，两国在某些敏感产业和部门会存在摩擦，但对中澳两国的总体贸易发展影响不大。而未来想要继续加强中澳两国的双边贸易合作，可以从产业互补、贸易创新及政策引导等多方面进行。

一是由目前的企业间合作逐步转向产业间合作，扩大两国合作深度和广度。例如，对中澳两国贸易结合度较高的电子产品、纺织品及初级产品和原材料等领域继续加强合作。具体而言，保持现有产品类型，通过技术创新手段提升产品的多样化。同时，实现产业融合发展，将更多的第三产业服务融入第二产业中，增加产品附加值，提升两国贸易质量。

二是对于中澳两国的关税壁垒问题，可采用合理降税及逐步开放策略。例如，采用优势产业降税政策。即两国根据自身发展特征，逐步降低优势产业的准入标准，对国外企业的进入给予优惠投资政策。而对于自身较为薄弱的产业，可推迟开放，待薄弱产业发展到具有一定的抗风险性时，再根据优势产业的开放经验而逐步确定开放策略。

三是逐步放开两国的投资限制，实现产业互补发展。当前，中国在澳大利亚的投资远高于澳大利亚在中国的投资。因此，为保证两国的平衡，中国可适当放开投资环境，尤其是在引进澳大利亚高新技术方面。同时，澳大利亚的资源和服务产业具有较强的竞争优势，对此中国可通过政策引导方式吸引澳大利亚投资到中国的服务产业，进而达到提升中国薄弱产业的国际市场竞争力。

四是中澳两国多通过沟通交流形式，增进彼此互信，并创建具有良好的政治、经济、文化及军事等领域的合作交流机制，实现中澳两国和谐健康发展。中澳两国的贸易发展问题除了经济方面的影响以外，还有意识形态及价值观念等方面的影响。虽然，近年来中国的高速发展给澳大利亚带来了诸多的切实利益。但是，面对中国的崛起，澳大利亚还是存在一定忧虑。例如，建立国家高层领导人互访机制，通过定期举办会晤形式，加强两国对争论及具有争议领域的交流和讨论，尽量以沟通形式解决矛盾。同时，中澳两国民间可以以文化为载体，加强两国人民文化交流，使得两国人民更加相互理解和包容，消除两国居民因不了解而产生误解问题。最后，加强和平发展、共同发展理念的宣传，坚持互利共赢，走和平崛起的发展道路。

第六节　建立中国与新西兰贸易合作的协调机制

中新两国的自由贸易协定对中国及新西兰的贸易发展积极作用毋庸置疑。但是，两国的国情和经济的不同，以及国际局势影响，中新贸易协定在执行方面和操作性方面有待提高，尤其是涉及关税方面的内容。

一是中国和新西兰两国增加政治互信，特别是高层之间的交流。具体可以通过定期举办双边论坛活动，在友好交往的前提和基础之上，深入了解对方的市场发展水平，以便对双边贸易政策进行更深入的了解。

二是尽快确定中新两国贸易协定执行标准，实现贸易活动的统一。由于中国和新西兰两国的法律不同，因此即使是中国和新西兰已经签订了自贸区协定，但是中国和新西兰两国如何执行却没有明确标准，这极易导致两国在贸易执行环节产生偏差，进而造成贸易摩擦问题。

三是加强对主要贸易产品的监管，保证双方贸易活动是在自由贸易协定的框架之内，避免越界行为产生。建议双方对各自主要进出口产品等敏感产业实行严格监管，将可能造成非关税壁垒的行为完全阻断。例如，中国对新西兰农产品进口有严格标准，那么新西兰应当提升农产品出口品质。而中国可根据协定放宽新西兰进口产品标准，为两国的贸易发展提供更多可操作空间。

四是对于中国和新西兰的关税问题，可通过设置合理科学的关税减让模式、提升关税利用率及优化出口结构等手段实现。例如，中国可根据自身产业发展状况，实行差异化开放政策。对于竞争力较强的企业可以加快开放，包括：机电产品、服装及玩具等。而对于竞争力较弱的产业则要设置合理的缓冲期，防止国内企业受到较大冲击，具体可对敏感部门或者敏感产业设置进口配额等。

五是大力宣传中新自贸区协定的优惠政策，鼓励更多相关企业及其他企业转型，充分利用好政策优惠，实现国内企业产业转型，实现经济高质量发展。

第七节　不断加强与东盟国家贸易中的创新引领

中国与东盟国家间合作时间长，存在着各种各样的差异性，针对这些问题，需要不断加强合作中的制度创新与技术创新才能不断提升合作水平。

一是中国与东盟在诸多产业结构相似的领域存在竞争关系，在大多数资源密集型产业和劳动密集型产业市场竞争较为激烈，对双方的合作将带来负面影响。在 RCEP 协定下，利用我们的产业优势，不断加强产业及产品的技术创新，提升核心竞争力，从而可以实现东盟诸国的竞争中实现差异化发展，引领竞争领域的发展趋势，占据产业链上游。

二是继续不断扩大开放水平。二是中国和东盟成员国之间的经济水平存在明显差异，各国的经济一体化目标及承受能力也有很大差异，因此中国需要与各国密切合作，利用各国间的差异，建立符合各国与中国国情的差异化的合作制度体系。与经济较为发达的国家间要创新深度合作，进一步开放市场，促使优势产业获得更多发展空间的制度；与欠发达国家建立促进与推动各国与中国相关产业互补与共赢的合作机制。

三是基于中国和东盟金融货币一体化的发展远滞后于双方的贸易一体化发展进程这一问题，不断加强人民币国际化，逐步提升人民币的信用水平，建立人民币为核心的货币结算机制。

四是创新中国与东盟各国在文化等领域的交流与合作，实行友好关系年、友好关系城市等机制，奠定贸易发展的文化基础，实现共融共通。

五是创新以各国共同利益为基石的各类贸易标准的机制，确保贸易国的利益得到充分保障，且能提升各国的发展水平，逐步消除非贸易壁垒对贸易合作的影响。

参 考 文 献

［1］2018 年中国与日本双边贸易全景图（附中日主要进出口产业数据）［EB/OL］．https：//www. qianzhan. com/analyst/detail/220/190708 – 897df896. html.

［2］2018 年中国与澳大利亚双边贸易全景图（附中澳主要进出口产业数据）［EB/OL］．https：//www. qianzhan. com/analyst/detail/220/190726 – 8d9ce277. html.

［3］2018 年中国与韩国双边贸易全景图（附中韩主要进出口产业数据）［EB/OL］．https：//www. qianzhan. com/analyst/detail/220/190701 – d183927e. html.

［4］2018 年中国与新西兰双边贸易全景图（附中国与新西兰主要进出口产业数据）［EB/OL］．https：//www. qianzhan. com/analyst/detail/220/190808 – eb639112. html.

［5］2018 中国——东盟统计年鉴［M］．北京：中国统计出版社，2018.

［6］曹安，汪晶晶，黄梦如. 中国与"一带一路"沿线国家农产品出口贸易效率及潜力测算［J］．统计与决策，2018（5）：113 – 117.

［7］陈汉林，涂艳. 中国—东盟自由贸易区下中国的静态贸易效应——基于引力模型的实证分析［J］．国际贸易问题，2007（5）：47 – 50.

［8］陈立敏．中国制造业国际竞争力评价方法与提升策略［M］．武汉：武汉大学出版社，2008：7－8．

［9］陈同仇，薛荣久．国际贸易［M］．北京：对外经济贸易大学出版社，1997：153－156．

［10］陈雯．中国—东盟自由贸易区的贸易效应研究——基于引力模型"单国模式"的实证分析［J］．国际贸易问题，2009（1）：61－66．

［11］陈岩．国际贸易理论与实务［M］．北京：北京大学出版社，2018：14－16．

［12］程广斌，刘伟青．"一带一路"倡议下的中国——东盟产业竞争力实证研究［J］．价格月刊，2017（12）：62－68．

［13］程伟晶，冯帆．中国—东盟自由贸易区的贸易效应——基于三阶段引力模型的实证分析［J］．国际经贸探索，2014（2）：4－16．

［14］程云洁，董程慧．中国与"一带一路"沿线国家工业制成品出口贸易效率及潜力研究［J］．统计与决策，2019（17）：129－134．

［15］崔奇峰．中国——东盟自由贸易区建立的经济影响分析［D］．南京：南京农业大学，2009．

［16］刁莉，邰婷婷．我国应在RCEP的区域服务贸易一体化发展中发挥更积极作用［J］．经济纵横，2015（8）：96－100．

［17］丁剑平，刘敏．中欧双边贸易的规模效应研究：一个引力模型的扩展应用［J］．世界经济，2016（6）：100－123．

［18］丁琳．中国—东盟自由贸易区的贸易效应——基于贸易引力模型的分析［D］．西南财经大学，2011．

［19］杜运苏．中国澳大利亚制成品贸易的实证研究［J］．亚太经济，2007（2）．

［20］樊兢．中国与东盟高新技术产品贸易动态波动研究——基于修正的CMS模型的因素测算［J］．经济体制改革，2019（1）：120－127．

［21］方英，马芮. 中国"一带一路"沿线国家文化贸易潜力及影响因素：基于随机前沿引力模型的实证研究［J］. 世界经济研究，2018（1）：112－121，136.

［22］冯晓玲，高一鸣. RCEP 框架下货物贸易自由化阻力及对策分析［J］. 亚太经济，2015（11）：46－51.

［23］高敬峰. 中日贸易中的比较优势特性分析［J］. 世界经济研究，2004（1）：50－53.

［24］高露华主编；任肖嫦，盖明媚，柳鹏飞，郭燕茹，隋姝妍，刘建伟副主编. 国际贸易 第 2 版［M］. 上海：格致出版社；上海：上海人民出版社，2018：1.

［25］［日］高原明生. 日中韩三国间合作的障碍及其克服［J］. 当代韩国，2010（1）.

［26］高志刚，张燕. 中巴经济走廊建设中双边贸易潜力及效率研究——基于随机前沿引力模型分析［J］. 财经科学，2015（11）：101－110.

［27］龚晓莺. 国际贸易理论与政策［M］. 北京：经济管理出版社，2008：13.

［28］关志雄. 中日互补论."21 世纪中日经济合作与展望"国际学术研讨会论文集［C］.2004：74－81.

［29］郭婷. 中澳自贸区建立对中国乳品进口的影响研究［D］. 内蒙古农业大学，2013.

［30］国彦兵. 西方国际贸易理论：历史与发展［M］. 杭州：浙江大学出版社，2004：166－167.

［31］何好俊，祝树金. 中澳产业国际竞争力与贸易互补性分析［J］. 国际经贸探索，2008（12）.

［32］何俊. 技术创新的国际互动链［M］. 上海：上海财经大学出版社，2007：191.

［33］贺书锋，平瑛，张伟华．北极航道对中国贸易潜力的影响——基于随机前沿引力模型的实证研究［J］．国际贸易问题，2013（8）：3-12.

［34］侯丹丹．中韩 FTA 对日本向中国货物出口的影响分析［J］．现代日本经济，2016（2）：44-55.

［35］侯敏跃．论中澳铁矿石贸易和投资关系［J］．世界经济研究，2010（7）：69-75.

［36］侯敏．中国与澳大利亚矿产品贸易优势与互补性研究——基于 RTA 与 OBC 指标的实证分析［J］．国际商务研究，2019（1）：41-50.

［37］胡冰川．WTO 框架下 FTA 国别效应的动态研究——基于中国澳大利亚、中国新西兰建立 FTA 的模拟［D］．南京农业大学，2007.

［38］胡求光，霍学喜．中国水产品出口贸易影响因素与发展潜力——基于引力模型的分析［J］．农业技术经济，2008（5）：100-105.

［39］胡英帆主编；刘丽副主编．国际贸易实务［M］．上海：上海财经大学出版社，2018：1.

［40］姬艳洁，董秘刚．基于巴拉萨模型的中国新西兰 FTA 贸易效应研究［J］．亚太经济，2012（6）：42-46.

［41］姜文学，邓丽丽．国际经济学［M］．大连：东北财经大学出版社，2018：35.

［42］蒋冠，霍强．中国—东盟自由贸易区贸易创造效应及贸易潜力——基于引力模型面板数据的实证分析［J］．当代经济管理，2015（2）：60-67.

［43］蒋志强．人民币汇率变动与农产品出口流向分布［M］．成都：电子科技大学出版社，2015：73-82.

［44］焦曦．中韩 FTA 对日本出口贸易的影响分析［J］．商贸纵横，2015（5）：108.

［45］解忠涛．中国与日韩贸易互补性分析［J］．哈尔滨商业大学

学报（社科版），2006（1）：80 – 81.

[46] 金川.贸易保护主义下中日韩 FTA 的机遇、挑战及可能前景 [J].价格月刊，2019（10）：43 – 50.

[47][韩]金淳洙.非传统安全合作与东北亚安全共同体的构建——基于中日韩环境安全合作进程的评价 [J].当代亚太，2010（5）.

[48][韩]具天书."东亚共同体"建设的障碍与出路：韩国的视角 [J].当代亚太，2012（1）.

[49] 匡增杰.中日韩自贸区的贸易效应研究 [D].上海社会科学院，2014.

[50] 郎平，傅克华.亚洲货币一体化研究：日元发展趋势 [M].北京：中国财政出版社，2003：100 – 135.

[51] 郎永峰，尹翔硕.中国—东盟 FTA 贸易效应实证研究 [J].世界经济研究，2009（9）：76 – 80，89.

[52] 李海莲，张楚翘.中韩、中日工业制成品产业内贸易特征及影响要素的比较研究 [J].东北亚经济研究，2017（3）：104 – 120.

[53] 李慧燕，魏秀芬.中澳自由贸易区的建立对中国乳品进口贸易的影响研究 [J].国际贸易问题，2011（11）：77 – 84.

[54] 李计广.中国自新兴市场国家进口潜力分析：基于引力模型 [J].亚太经济，2014（9）：60 – 64.

[55] 李季.中韩机电产品产业内贸易实证研究 [J].国际贸易问题，2010（6）：54 – 59.

[56] 李嘉图.政治经济学及赋税原理 [M].北京：华夏出版社，2013.

[57] 李俊久，丘俭裕.中国对 APEC 成员的出口潜力及其影响因素研究——基于贸易引力模型的实证检验 [J].亚太经济，2017（11）：4 – 13.

[58][韩]李奎泰.韩中关系与东北亚国际合作机制 [J].当代

韩国，2013（2）．

[59] 李立民，张越，王杰．OFDI 对中国——东盟贸易影响研究 [J]．国际经济合作，2018（9）：76 - 86．

[60] 李荣林，宫占奎，孟夏．中国与东盟自由贸易区研究 [M]．天津：天津大学出版社，2007．

[61] 李巍．东亚经济地区主义的终结？——制度过剩与经济整合的困境 [J]．当代亚太，2011（4）：5，6 - 32．

[62] 李文霞，杨逢珉．中国农产品出口丝绸之路经济带沿线国家的影响因素及贸易效率——基于随机前沿引力模型的分析 [J]．国际贸易问题，2019（7）：100 - 112．

[63] 李晓峰，张巍．建立中韩自由贸易区——解决中韩贸易摩擦问题的有效途径 [J]．国际贸易，2006（8）：18 - 22．

[64] 李晓钟，吕培培．我国装备制造产品出口贸易潜力及贸易效率研究——基于"一带一路"国家的实证研究 [J]．国际贸易问题，2019（1）：80 - 92．

[65] 李亚波．中国与智利双边货物贸易的潜力研究——基于引力模型的实证分析 [J]．2013（7）：62 - 69．

[66] 李颖洁．中国——东盟自由贸易区的产业内贸易效应分析——基于东盟十国 Panel + Data 的检验 [J]．经济论坛，2009（18）：44 - 47．

[67] 李玉波．中国与拉美国家贸易效率影响因素研究 [D]．辽宁大学，2019．

[68] 李准晔，金洪起．中韩贸易结构分析 [J]．中国工业经济，2002（2）：47 - 54．

[69] [澳] 理查德·庞弗雷特．国际贸易理论与政策讲义 [M]．上海：格致出版社：上海人民出版社，2017：14 - 17．

[70] 刘邦芳，张素梅，李军．中国——澳大利亚、中国——新西兰货物贸易特征的比较分析 [J]．经济论坛，2008（22）：51 - 54．

［71］刘春香，朱丽媛．我国棉花进口贸易潜力分析［J］．农业经济问题，2015（5）：91－99.

［72］刘海云，聂飞．金砖体系下中国双边出口效率及其影响因素分析——基于随机前沿引力模型的实证研究［J］．国际经贸探索，2015（1）：16－28.

［73］刘李峰，武拉平．中国与新西兰签署自由贸易协定对双边农产品贸易的影响研究［J］．当代亚太，2006（7）：54－62.

［74］刘青峰，姜书竹．从贸易引力模型看中国双边贸易安排［J］．浙江社会科学，2002（12）：17－20.

［75］刘赛力．孕育中的中韩自由贸易区［J］．国际问题研究，2008（1）：14－21.

［76］刘似臣等．国际贸易［M］．北京：北京交通大学出版社，清华大学出版社，2014：103－105.

［77］鲁晓东，赵奇伟．中国的出口潜力及其影响因素——基于随机前沿引力模型的估计［J］．数量经济技术经济研究，2010（10）：21－35.

［78］罗能生．全球化、国际贸易与文化互动［M］．北京：中国经济出版社，2006：62.

［79］麻昌港．中国—东盟经济一体化的效应、进程及影响机制分析［D］．南京：南京师范大学，2014.

［80］马涛．经济思想史教程［M］．上海：复旦大学出版社，2018：126－127.

［81］彭景，中国—东盟自由贸易区贸易效应研究——基于引力模型实证分析［J］．中国集体经济，2017（34）：17－19.

［82］彭支伟，张伯伟．中日韩自由贸易区的经济效应及推进路径——基于 SMART 的模拟分析［J］．世界经济研究，2012（12）：64－71.

［83］秦熠群，金哲松．中韩产业内贸易结构实证分析［J］．中央

财经大学学报，2005（3）：62-65.

［84］丘兆逸，李树娟. CAFTA对中国—东盟中间产品和最终产品贸易的影响［J］. 商业研究，2014（4）：86-90.

［85］全世文，曾寅初，黄波. 外部冲击下中日贸易增长的内生性结构变化——基于LS单位根检验与GH变协整分析［J］. 现代日本经济，2014（2）：83-94.

［86］邵兵家. 中国—新西兰自由贸易区的构建对双方经济影响的计量研究［J］. 国际贸易问题，2008（3）.

［87］盛斌，廖明中. 中国的贸易流量与出口潜力—引力模型的研究［J］. 世界经济，2004（2）：3-12.

［88］施炳展，李坤望. 中国出口贸易增长的可持续性研究——基于贸易随机前沿模型的分析［J］. 数量经济技术经济研究，2009（6）：64-74.

［89］施美芳. 中国—东盟自由贸易区启动对中国经济的影响［D］. 对外经济贸易大学，2004年.

［90］史智宇. 中国东盟自由贸易区贸易效应的实证研究［D］. 上海：复旦大学，2004.

［91］帅传敏. 基于引力模型的中美农业贸易潜力分析［J］. 中国农村经济，2009（7）：48-58.

［92］司伟，黄春全，王济民. 中日韩农产品贸易影响因素及分解［J］. 农业经济问题，2012（33）：16-21，110.

［93］［日］松本盛雄. 东北亚区域经济贸易发展面临的新机遇、新挑战与对策［J］. 西伯利亚研究，2011（4）.

［94］孙金彦，刘海云"一带一路"战略背景下中国贸易潜力的实证研究［J］. 当代财经，2016（6）：99-106.

［95］孙莉莉，张曙霄. 中韩双边服务贸易结构研究［J］. 东北师范大学学报（哲学社会科学版），2011（5）：17-21.

[96] 孙立芳，陈昭．"一带一路"背景下经济开放度如何影响农产品国际竞争力：来自 RCEP 成员国的证据 [J]．世界经济研究，2018 (3)：81 - 94．

[97] 孙林，蓝旻，钟钰．贸易便利化对中国与东盟区域谷物可获得性的影响：进贸易流量视角的考察 [J]．国际贸易问题，2015 (1)：111 - 119．

[98] 孙林，周科选．区域贸易政策不确定性对中国出口企业产品质量的影响 [J]．国际贸易问题，2020 (1)：127 - 143．

[99] 孙林．中国农产品贸易流量及潜力测算——基于引力模型的实证分析 [J]．经济学家，2018 (11)：70 - 76．

[100] 孙人极，顾研．中澳贸易自由化对中新澳经济、贸易和产业的影响——基于 GTAP 的模拟分析 [J]．亚太经济，2017 (01)：77 - 84，165，175．

[101] 谭晶荣．中日韩三国服务贸易的比较研究 [J]．国际贸易问题，2006 (7)：71 - 77．

[102] 谭秀阁，王珏．中国—东盟自由贸易区的贸易效应分析 [J]．区域经济评论，2016 (4)：134 - 139．

[103] 谭秀杰，周茂荣．21 世纪"海上丝绸之路"贸易潜力及其影响因素——基于随机前沿引力模型的实证研究 [J]．国际贸易问题，2015 (2)：3 - 12．

[104] 唐魏．逆全球化背景下中国——新西兰自由贸易区深化合作路径探析 [J]．对外经贸实务，2020 (1)：7 - 10．

[105] 田燕梅．中国与澳大利亚双边贸易发展现状及潜力研究——基于引力模型 [J]．商业经济研究，2016 (7)：124 - 128．

[106] 佟继英，杨艳慧，梁晓慧．FTA 升级谈判背景下中国—新西兰贸易发展研究——基于竞争性及互补性的实证 [J]．价格月刊，2017 (8)：67 - 73．

[107] 佟继英. 中澳农产品贸易特征及国际竞争力分解——基于分类农产品的 CMS 模型 [J]. 经济问题探索，2016（8）：154－164.

[108] 汪斌. 中日贸易中工业制品的比较优势及国际分工类型的实证分析 [J]. 财经论丛，2002（6）：1－6.

[109] 汪斌. 中韩贸易中工业制品的比较优势及国际分工类型分析 [J]. 财经论丛（浙江财经学院学报），2006（1）：78－82.

[110] 汪素芹. 中韩贸易发展的主要障碍与合作途径 [J]. 世界经济研究，2003（6）：84－88.

[111] 王贝贝，肖海峰. FTA 框架下中国—新西兰农产品贸易发展研究 [J]. 首都经济贸易大学学报，2015，17（2）：51－58.

[112] 王厚双，黄金宇. 中日韩与东盟农产品贸易降税模式比较研究——兼论 RCEP 谈判的推进 [J]. 国际经济合作，2018（5）：72－77.

[113] 王厚双，齐朝顺. 中韩 FTA 的经济政治影响分析 [J]. 东北亚研究论丛，2015（1）：43－64.

[114] 王金强. TPP 对 RCEP：亚太地区合作背后的政治博弈 [J]. 亚太经济，2013（3）：14－20.

[115] 王晶，卢进勇. 中国与澳大利亚贸易的现状、影响因素和发展策略 [J]. 国际贸易，2015（10）：37－44.

[116] 王黎萤，王雁，张迪等. RCEP 知识产权议题：谈判障碍与应对策略——基于自贸协定知识产权规则变革视角的分析 [J]. 国际经济合作，2019（4）：20－30.

[117] 王领，陈珊. 孟中印缅经济走廊的贸易效率及潜力研究——基于随机前沿引力模型分析 [J]. 亚太经济，2019（4）：47－54.

[118] 王晓英，王嘉铭. 中澳农产品贸易的发展态势及增长潜力分析 [J]. 粮食科技与经济，2018（6）：36－39，46.

[119] 王玉主. RCEP 倡议与东盟"中心地位" [J]. 国际问题研究，2013（5）：46－59.

[120] 文淑惠，张昕. 中南半岛贸易潜力及其影响因素——基于随机前沿引力模型的实证分析 [J]. 国际贸易问题，2017（10）：97 - 108.

[121] 吴丹. 东亚双边进口贸易流量与潜力：基于贸易引力模型的实证研究 [J]. 国际贸易问题，2008（5）：32 - 37.

[122] 吴海文，张少雪，刘梦影.“一带一路”视角下中国与东盟贸易竞争力研究——基于改进的显性比较优势指数的分析 [J]. 国际经济合作，2019（11）：53 - 61.

[123] [日] 西口清胜. 东亚共同体还是亚太共同体——亚太地区合作与日本的走向？[J]. 东南亚究，2013（6）.

[124] [日] 西口清胜著，刘晓民译，现代东亚经济论：奇迹、危机、地区合作 [M]. 厦门：厦门大学出版社，2011.

[125] 徐超静，何智霞，杨晓丽. 国际技术贸易与服务贸易的理论探索 [M]. 北京：中国商业出版社，2018：1.

[126] 徐婧. CAFTA 早期收获产品的贸易效应评估 [J]. 国际经贸探索，2009（3）：76 - 80.

[127] 徐琴. 区域经济与国际贸易研究 [M]. 北京：北京理工大学出版社，2016：69.

[128] 杨军，黄季煜，仇焕广. 建立中国和澳大利亚自由贸易区的经济影响分析及政策建议 [J]. 国际贸易问题，2005（11）.

[129] 杨佩桦. 中国与澳大利亚煤炭贸易合作研究 [J]. 亚太经济，2013（2）：63 - 67.

[130] 杨伟文，黄圣平. 中日贸易互补性研究——基于制造业的实证分析 [J]. 现代管理科学，2007（11）：6 - 7.

[131] 阴之春. 中韩贸易结构分析 [J]. 求是学刊，2006（3）：69 - 74.

[132] 尹伯成，刘江会. 西方经济学简明教程 [M]. 上海：格致

出版社：上海人民出版社，2018：275.

[133] 尤璞，占丽. 国际贸易理论与实务 [M]. 上海：上海财经大学出版社，2018：3.

[134] 袁持平，刘洋. 港澳与珠三角建立共同市场的理论与实践：兼论广东自贸区的制度创新 [M]. 广州：中山大学出版社，2016：73-74.

[135] 袁建新. 国际贸易理论纵论 [M]. 苏州：苏州大学出版社，2016：167-168.

[136] 张彬，张菲. RCEP 的进展、障碍及中国的策略选择 [J]. 南开学报（哲学社会科学版），2016（6）：122-130.

[137] 张帆. 建立中国—东盟自由贸易区贸易与投资效应分析 [J]. 国际经贸探索，2002（5）：63-66.

[138] 张会清，唐海燕. 中国的出口潜力：总量测算、地区分布与前景展望——基于扩展引力模型的实证研究 [J]. 国际贸易问题，2012（1）：12-25.

[139] 张会清. 中国与"一带一路"沿线地区的贸易潜力研究 [J]. 国际贸易问题，2017（7）：84-95.

[140] 张萌，张宗毅. 我国农机产品出口贸易流量及潜力——基于引力模型的实证分析 [J]. 国际贸易问题，2015（6）：148-154.

[141] 张庆艳. 中俄双边贸易影响因素研究 [M]. 哈尔滨：黑龙江人民出版社，2010：174-175.

[142] 张英. 基于引力模型的中俄双边贸易流量与潜力研究 [J]. 国际经贸探索，2012（6）：24-35.

[143] 赵放，李季. 中韩双边产业内贸易实证分析 [J]. 国际贸易探索，2010（3）：17-23.

[144] 赵金龙，张蕊，陈健. 中国自贸区战略的贸易创造与转移效应研究——以中国—新西兰 FTA 为例 [J]. 国际经贸探索，2019（4）：27-41.

［145］赵亮，陈淑梅．经济增长的"自贸区驱动"——基于中韩自贸区、中日韩自贸区与 RCEP 的比较研究 ［J］．经济评论，2015（1）：92 – 101．

［146］赵亮，陈淑梅．经济增长的"自贸区驱动"——基于中韩自贸区、中日韩自由贸易区与 RCEP 的比较研究 ［J］．经济评论，2015（3）：92 – 102．

［147］赵亮，穆月英．东亚 FTA 的关税效应对我国农业影响的研究——基于 CGE 模型的分析 ［J］．国际经贸探索，2013（7）：46 – 48．

［148］赵永亮，葛振宇．汉语文化传播与"中国制造"的海外影响力 ［J］．南开经济研究，2019（3）：44 – 61．

［149］赵雨霖，林光华．中国与东盟 10 国双边农产品贸易流量与贸易潜力的分析——基于贸易引力模型的研究 ［J］．国际贸易问题，2008（12）：23 – 27．

［150］郑俊田．国际贸易理论与政策法规 ［M］．北京：中国海关出版社，2018．

［151］［韩］郑载兴．韩中合作强化方案考察 ［J］．当代韩国，2012（3）．

［152］周文贵等．国际经济学论纲 ［M］．广州：中山大学出版社，2004：13 – 15．

［153］庄芮，林佳欣．RCEP：进展、挑战与前景 ［J］．东南亚研究，2018（4）：87 – 102．

［154］庄芮．中国—东盟自由贸易区的实践效应、现存问题及中国的策略 ［J］．世界经济研究，2009（4）：74 – 80．

［155］Aigner Dennis，Lovell C. A. Knox，Schmidt Peter. Formulation and Estimation of Stochastic Frontier Production Function models ［J］. 1977，6（1）：21 – 37．

［156］Aigner，D. J．，Lovell，C. A. K. & Schmidt P. Formulation and

Estimation of Stochastic Frontier Production Function Models [J]. Journal of Econometrics, 1977 (6): 21 - 37.

[157] Alan, Deardorff. Determinants of Bilateral Trade: Does Gravity Work in a Neoclassical World? [J]. The Regionalization of the World Economy, 1st edn. University of Chicago Press, Chicago, 1998: 7 - 32.

[158] Anderson, J. E. & Wincoop, E. V. Gravity With Gravitas: A Solution to the Border Puzzle [J]. The American Economic Review, 2003, 93 (1): 170 - 192.

[159] Anderson. J. E. A Theoretical Foundation For the Gravity Equation [J]. The American Economic Review, 1979, 69 (1): 106 - 116.

[160] Armstrong S P. Interaction Between Trade, Conflict and Cooperation: The Case of Japan and China, 2010.

[161] Atif R M, Haiyun L, Mahmood H. Pakistanl's Agricultural Exports, Determinants and Its Potential: An Application of Stochastic Frontier Gravity Model [J]. The Journal of International Trade & Economic Development, 2016: 1 - 20.

[162] Audrey. FTA Between China and Korea [J]. Chinese Business, 2012 (3): 40 - 45.

[163] Baier S L, Bergstrand J H. Economic Determinants of Free Trade Agreements [J]. Journal of International Economics, 2004, 64 (1): 29 - 63.

[164] Bera, A., Sharma, S. Estimating Production Uncertainty in Stochastic Frontier Production Function Models [J]. Journal of Productivity Analysis, 1999 (11): 187 - 210.

[165] Bergstrand J H. The Gravity Equation in International Trade: Some Microeconomic Foundations and Empirical Evidence [J]. The Review of Economics and Statistics, X985: 474 - 481.

[166] Bergstrand, J. H. The Generalized Gravity Equation, Monopolistic Competition, and the Factor-proportions Theory in International Trade [J]. The Review of Economics and Statisticis, 1989, 71 (1): 143 – 153.

[167] Caliendo L, Parro F. Estimates of the Trade and Welfare Effects of NAFTA [J]. The Review of Economic Studies, 2015, 82 (1): 1 – 44.

[168] Chan – Hyun, Sohn. & Hyun – Hoon, Lee. Marginal Intra – industry Trade, Trade-induced Adjustment Costs and the Choice of FTA Partners [J]. 2005.

[169] Cheong and Y. S. Nam. Economic Effects of Korea – China FTA and its Main Issues. Korea Institute for International Economic Policy, 2004.

[170] Chia Siow Yue. ASEAN – China Economic Power – Challenges and Opportunities for Japan [DB/OL]. http://www. jef. or. jp/en/jti/200111 – 007. html

[171] Chirathivat. ASEAN – China Free Trade Area: Background, Implications and Future Development [J]. Journal of Asian Economies, 2002: 671 – 686.

[172] Dawei Cheng. A Chinese perspective on the China – Australia Free Trade Agreement and Policy Suggestion [J]. Economic Papers: A Journal of Applied Economics and Policy, 2008 (27): 30 – 40.

[173] Devadason. ASEAN – China Trade Flows: Moving Forward With ACFTA [J]. Journal of Contemporary China, 2010: 653 – 674.

[174] Ershad Ali. Impact of Free Trade Agreement on Economic Growth of Partner Countries: China and New Zealand [J]. International Business and Management, 2011, 2 (1).

[175] Groot, H. L. F. D, Linders G. J. , Rietveld P. & Subramnaian, U. The Institutional Determinants of Bilateral Trade Pattern [J]. Kyklos, Wiley Blackwell, 2004, 57 (1): 103 – 123.

［176］ Guilhot. Assessing the Impact of the Main East – Asian Free Trade Agreements Using a Gravity Model ［J］. Economics Bulletin, 2010, 30 (1): 282 – 291.

［177］ Heilmann K. Does Political Conflict Hurt Trade? Evidence From Consumer Boycotts ［J］. Journal of International economics, 2016 (99): 179 – 191.

［178］ Helprnan E. Imperfect Competition and International Trade: Evidence From Fourteen Industrial Countries ［J］. Journal of the Japanese and International Economies, 1987, 1 (1): 62 – 81.

［179］ Herschede. Competition among ASEAN, China, and the East Asian NICs: a Shift – share Analysis ［J］. ASEAN Economic Bulletin, 1991, Vol. 7: 290 – 306.

［180］ Hidetaka Yoshimatsu. The Development of the China – Japan – Korea FTA ［J］. Asia – Pacific Review, 2015: 22 (1): 9 – 20.

［181］ Hou Minyue, China – Australia Trade: How Important and Complementary Is It? ［J］. The Journal of East Asian Affairs, 2006, Uol. 20: 154 – 179.

［182］ Jaimin LEE & Sangyong HAN. Intra – Industry Trade and Tariff Rates of Korea and China ［J］. China Economic Review, 2008: 697 – 703.

［183］ Kang, H. , and Fratianni M. , X006, International Trade Efficiency, the Gravity Equation, and the Stochastic Frontier ［J］. SSRN Electronic Journal, 2006 (4).

［184］ Khan S, Khan D. An Empirical Analysis of Pakidtan's Bilateral Trade: A Gravity Model Approach ［J］. Romanian Economic Journal, 2013, 16 (48): 103 – 120.

［185］ Khan, I. , Kalirajan, K. The Impact of Trade Costs on Exports: An Empirical Modeling ［J］. Economic Modeling, 2011 (28): 1341 – 1347.

［186］ Kwan. Method and Apparatus for Telephonically Accessing and Navigating the Internet, 1999.

［187］ L. J. Hyun, A Study on the Standard of Selection for Countries of Exchange of Customs Data Between Countries ［J］. The Journal of Korea Research Society for Customs, 2015 （1）: 3 - 21.

［188］ Lee, J. Free Trade Areas in east Asia: Discriminatory, Non-discriminatory ［J］. World Economics Bulletin, 2003: 282 - 291.

［189］ Lehmann Felicitas Nowak D. , Dierk Herzer and Sebastian Vollmer. The Free Trade Agreement between Chile and EU: Its Potential Impact on Chile's Export Industry ［R］. University of Gettingen Working Paper, 2005.

［190］ Linnemann H. An Econometric Study of International Trade Flows ［M］. Amsterdam: North - Holland Pub. Co. , 1966.

［191］ M. Rafiqul Islam, Md Rizwanul Islam. The Proposed Australia - China FTA: Protectionismover Complementarity, Legal Issues of Economic Integration, 2010, Vol. 37, No. 3: 203 - 219.

［192］ Mai Yin Hua, Philip Adams, Fan Min Tai, et al. Modeling the Potential Benefits of Australia - China Free Trade Agreement. Independent Report Prepared for Australia - China FTA Feasible Study, Center of Policy Studies, 2005: 22 - 60.

［193］ Meade J. The Theory of Customs Union ［M］. Amsterdam: North - Holland, 1955.

［194］ Meeusen, W. J. & Broeck, V. D. Efficiency Estimation from Cobb Douglas Production Functions With Composed Error ［J］. International Economic Review, 1977, 18 （2）: 434 - 444.

［195］ Missios P, Saggi K, Yildiz H M. External Trade Diversion, Exclusion Incentives and the Nature of Preferential Trade Agreements ［J］.

Journal of International Economics, 2016 (99): 104 – 119.

[196] Motta M, Norman G. Does Economic Integration Cause Foreign Direct Investment? [J]. International economic review, 1996: 757 – 783.

[197] Park. The Prospects of the ASEAN – China Free Trade Area (ACFTA): A Qualitative Overview [J]. Journal of the Asia Pacific Economy, 2007: 484 – 503.

[198] Poyhonen, P. A Tentaative Model for the Volume of Trade Between Countries [J]. Weltwirts Chaftliches Archive, 1963, 90 (1): 93 – 99.

[199] Rahman M M. Australia's Global Trade Potential: Evidence From the Gravity Mode Analysis [J]. International Journal of Business Research, 2010.

[200] Ravishankar and Stack. The Gravity Model and Trade Efficiency: A Stochastic Frontier Analysis of Eastern European Countries' Potential Trade [J]. World Economy, 2014, 37 (5): 690 – 704.

[201] Robson P. The Economics of International Integration [M]. London: Routledge Press, 1998.

[202] Roperto, J. D. Edgardo C. Philippine Export Efficiency and Potential: An Application of Stochastic Frontier Gravity Model [J]. MPRA Paper No. 53580, 2014 (2).

[203] Sayavong, V. Export Growth, Export Potential and Export Resistance: A Case Study of Laos [J]. Journal of Southeast Asian Economies, 2015 (3): 340 – 357.

[204] Sayeeda Bano. Trade Relations Between New Zealand and China: An Empirical Analysis in the Context of a Free Trade Agreement [J]. Review of Economics & Finance, 2014 (3).

[205] Siriwardana M. The proposed Australia – China Free Trade Agreement: Global and Country – specific Effects [J]. International Journal

of Trade & Global Markets, 2008, 1 (4): 392 – 408.

[206] Soloaga I, Wintersb L A. Regionalism in the Nineties: What Effect on Trade? [J]. The North American Journal of Economics and Finance, 2001, 12 (1): 1 – 29.

[207] Tinbergen, J. Shaping the World Economy: Suggestions for an International Economic Policy [M]. New York: Twentieth Century Fund, 1962: 44 – 52.

[208] Tongzon ASEAN – China Free Trade Area: A Bane or Boon for ASEAN Countries [J]. World Economy, 2005 (28): 23 – 27.

[209] Viner J. The Customs Union Issue [M]. New York: Carnegie Endowment for International Peace, 1950.

[210] Viorica, E. D. , Econometric Analysis of Foreign Trade Efficiency E. U. Members Using Gravity Equations [J]. Procedia Economics and Finance, 2015: 670 – 678.

[211] Wu Yanrui, "Export Potential and Its Determinants among the Chinese Regions", Paper prepared for Presentation at the 4th International Conference on the Chinese Economy, CERDI, 2003 (10): 23 – 24.

后　记

本书是在我的博士学位论文基础上修改完成的，在即将画上最后一个标点符号之际，不禁感慨万千。从孩童之时受到父母影响早早便定下的登上学历最高峰的目标，看似遥远漫长，实则转眼即到。站在博远楼最高层的宿舍里远眺，熟悉的校园显得格外美丽，五舍小道浮现的嬉笑还是那么美好，图书馆四楼的自习室灯火依旧通明，学习氛围依然高涨……所有的一切此时凝聚成无穷大的感谢：感谢辽宁大学优良的学术氛围，感谢经济学院老师们的传道授业解惑，感谢导师组的中肯意见，感谢一起成长的同学们，更要感谢恩师王厚双教授的悉心栽培、家人的无私支持以及所有给予我帮助的最可爱的人。

在此要真挚地感谢我的恩师王厚双教授。王老师不仅从学术修养上给予了我耐心规范的指导和培养，还在生活细微之处给予了我莫大的关心和帮助。他用严谨踏实的治学态度激励着我学习，用勤勤恳恳做人的方式感染着我向上！在恩师的谆谆教诲和无微不至的帮助下，我的博士生活充实快乐、如沐春风。也正是得益于恩师的启发与指导，论文从选题、构思、文献研究、数据收集、实证分析、撰稿、反复修改到最终完成，才非常顺利。教诲如春风，师恩似海深，万语千言铭刻心中。

我要感谢崔日明教授、刘钧霆教授、刘志中教授、李丹教授，以及刘文革教授、孙楚仁教授、马淑琴教授对我的悉心指导。感谢孙丽教授、杨攻研副教授对我的帮助。感谢马树才教授、叶满城教授、关宇副教授，他们的帮助使我奠定了更加坚实的宏微观经济学和计量经济学基础。

我还要感谢我的父母，正是他们的全力支持，我才能徜徉在校园里享受学习与科研的乐趣，才能享受风花雪月与岁月静好。

感谢在我最好的年纪能与您们相遇！再次对所有给予过我帮助的老师、领导、家人、爱人、好友报以最真诚的感谢和祝福。祝愿您们福泰安康，开心幸福。

辛蔚

2022 年 2 月 14 日